空手談義

型は美しく技は心で

――座波仁吉・宇城憲治――

座談録

天の型より「手刀受け 逆突き」

座談会風景　1993年

パッサイの型より「山突き」

セイサンの型より 「虎口」 1993年1月 78歳

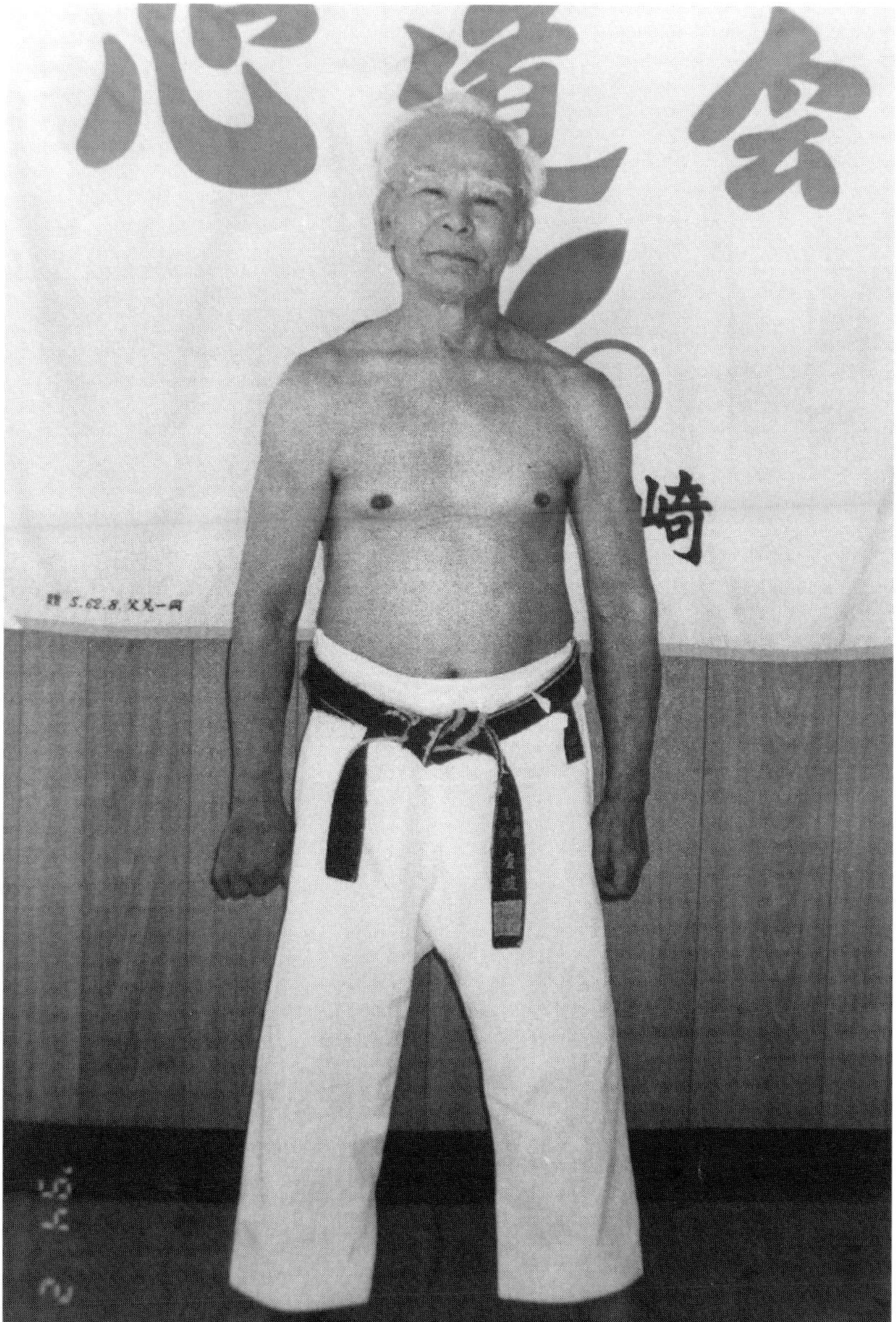

1994年2月　79歳

福岡・大宰府にて　1979年4月

座波氏のご自宅にて　1982年

宮崎大学空手道場にて　1985年

由村電器（株）道場開き　座波氏から宇城氏へ「他尊自信」額贈呈　1990年

由村電器（株）道場開き　組手演武　1990年

宇城氏のご自宅道場にて　2000年1月

高槻市、宇城氏のご自宅前にて　1991年11月

宮崎県 松山会長道場にて　宇城氏による実技指導

高槻道場審査会

宮崎大学空手道部五十周年記念　2001 年 3 月

宮崎大学空手道部五十周年記念　（中央）座波氏奥様　2001 年 3 月

福岡研修会　田中道場にて　2008年11月

福岡県 田中道場にて　2000年6月

宮崎審査会　宮崎空港にて　2006年3月　（右）榎本麻子氏　（中央）宇城拓治氏

本部審査会にて　2009年9月
（左）松山公大氏（２代会長）（中央）田中静雄氏（３代会長）（右）宇城氏（範士八段）

月刊『空手道』グラビア（2000年8月）

月刊『空手道』グラビア（2000年8月）

松山会長医院の玄関前にて

空手談義

型は美しく技は心で

——座波仁吉・宇城憲治——

座談録

発刊にあたって

本書は、『武道の原点』（二〇〇〇年）、『武術空手の知と実践』（二〇〇一年）、『武術空手への道』（二〇〇三年）に掲載された、座波仁吉先生と宇城憲治氏の座談録を一つにまとめたものです。

取材は一九九三年一月、一九九四年七月、二〇〇〇年三月、二〇〇一年八月、二〇〇一年十月、二〇〇二年十月の六回にわたって行なわれたもので、初回は座波先生七八歳、宇城氏四四歳、最後の座談会では座波先生八八歳、宇城氏五三歳と、実に十年近い歳月のなかで、その時々の空手への熱い思いを語り合っていただいた記録であり、歴史的にも大変貴重な座談録となりました。

今、通して読んでみると、そこには、全くゆらぐことのない宇城氏と座波先生との師弟の深い信頼が伝わってきます。と同時に、空手の歴史、沖縄の歴史、武術空手とは、師に学ぶとは、弟子を育てるとは、ひいては人間としてどうあるべきか等々、空手にとどまらない、人間としての生き方、あり方への、多くの示唆に富む内容が展開されています。

とりわけ印象に残るのは、座波先生に対する宇城氏の徹底した学びの姿勢です。妥協のない姿勢で武術を追求してきたからこそ、出会えた座波先生という本物の師。「その出会い」を本物にできるかどうか、それはチャンスがあっても誰もができることではないように思います。

さらに宇城氏の、理屈や言葉ではなく、あくまでも師の一触を通して学ぼうとする姿勢、および日常においても師の生き様そのものから学び取っていく姿勢は、「師に学ぶ」そのもののあり方を問うているように感じます。

徹底して武術を追求する真摯な姿勢と、絶対的な信頼があるからこそ受け継がれる伝統と心。本書は、武道・武術だけでなく、すべての学びに通じる貴重な人生の指南書となっていると確信しています。

なお、宇城氏が座波仁吉先生に師事されていた当時の空手は「心道流」でしたが、座波先生亡き後（二〇〇九年）、宇城氏は、座波空手からさらに発展し、二〇一二年より創心館空手道として新たな道を進まれ、武術空手及び長年修業をされてきた居合、そしてエレクトロニクス分野の技術者、経営トップとして世界を舞台に活躍された経験を経て、独自に開発された「気」を導入した指導を展開されています。したがって、現在の「心道流」とは、組織的にも技術的にも何ら関係はありません。

本対談における「心道流」は、あくまでも、宇城氏が座波先生に学ばれていた当時の心道流を、また同様に「沖縄古伝空手」も、座波先生が学ばれた時代のものを指すものであることをここに明記いたします。

二〇二〇年六月

どう出版 編集長　木村郁子

空手談義　型は美しく技は心で

——目次

第三章　武術空手の技と心 147

第一章

型は美しく技は心で

――座波仁吉・宇城憲治――

座談録

― 座談 ―

座波仁吉　七八～八六歳

宇城憲治　四四～五一歳

（取　材）一九九三年一月／一九九四年七月／二〇〇〇年三月

（聞き手）『合気ニュース』編集長　スタンレー・プラニン

Stanley Pranin

一九四五～二〇一七年。カリフォルニア州、サンペドロ生まれ。ＵＣＬＡ卒。一九七四年、合気道と開祖植芝盛平の研究所・合気ニュースを設立し、研究誌『AIKI NEWS』を発行。一九七七年に日本に移住後は、日英対訳版の合気道専門誌『合気ニュース』を発行。一九九六年にアメリカに帰国するまでの一九年間、二百人以上の合気道家、武道家を取材した。合気道五段。武道の国際交流の祭典「AIKI EXPO」をはじめ多くの武道イベントを主催した。

季刊誌『合気ニュース』編集長

インターネットマガジン『Aikido Journal』編集長

琉球手から流派を越えた空手へ

琉球手の流れ

——心道流空手の型の歴史はかなり古いのでしょうね。

座波　そうですね。はっきりした資料がないからわかりませんけれども、伝説的なつながりから解釈すれば五、六百年[*1]と言われています。

——心道流空手は中国の影響を強く受けたのでしょうか。

座波　いや、そうでもないです。空手は中国の影響もありますけど、もともと琉球には琉球手というのがある。空手という名前がつくまでは沖縄では、〝手《ティー》[*2]〟と言った。つまり、〝琉球手〟と中国拳法が一緒になって空手が生まれたのです。中国拳法の型の中には、抜きもあれば手刀受もあるしね。拳骨で突くのが琉球手の流れです。

（＊1）空手の稽古は秘密裏に教えられ、口伝が多いため文献、資料がなく、伝え聞いた話をもとに解釈した場合、五、六百年ということ。

（＊2）「…古くは沖縄に自然発生的に存在した武術がしだいに発達して沖縄固有の武術〝ティー〟になり、それに加えて中国から伝来した拳法と、東南アジアあたりから伝わった武術なども加味されつつ体系化されて、今日みる空手にまで発展してきたとみられる」宮城篤正著『空手の歴史』（ひるぎ社）より

――沖縄は薩摩（鹿児島県）に支配された期間がありましたね。

座波　そうですね。昔、琉球は独立国だった。だから徳川幕府とはぜんぜん関係がなかった。琉球は中国貿易を自由にできたので、当時の日本よりは非常に裕福だった。それを薩摩が狙って琉球を支配した。でも琉球を自分の領土にとってしまったら貿易ができないから、琉球を独立国としておいた。琉球と中国とを貿易させておいて、その甘い汁を薩摩が吸い上げた、そういう経過がある。

――琉球手には柔術技もありますか。

座波　琉球手に柔術技そのものはありませんが、型の中に基本分解、組手分解があり、その応用分解の一つとして投げ技があります。その投げ技をさらに分解して保存し残していった。すなわち投げ技をかける体勢までは型の分解で入り、そこから応用としての投げをかける。それが琉球手の投げの基本です。

琉球で投げ技と言ったら、プロレスのような形式ですね。相手に技をかけられたら、それを逆利用して相手を投げ返すのが特徴です。

――逆技ですね。技術的に琉球手はどのような発展をしてきたのですか。

座波　尚巴志《しょうはし》の時代（一三七二～一四三九）までは、琉球手は非常に発達しました。中国貿易が盛んになって、今の言葉で言えば〝大使〟ですかね、そういう人たちが中国へ派遣された。そうして文化の交流が始まって三年、四年と向こうに滞在するあいだに、向こうの拳法を稽古した。それから現在の空手というものに変わり、琉球手の全盛期はあの時分で終わっている。その名残は今でもある。拳を握る・蹴るというのは琉球手の特徴です。

——琉球手には、武器技もあると思うのですが、刀はいかがですか。

座波　刀は、その昔はあったんです。

——刀はどのような形だったのでしょうか。

座波　刀の形はやっぱり日本式の形ですね。

団体型の限界

——ところで、お若い時から稽古を始められ、これまで空手に対するお考えにも変化があったと思いますが。

座波　そういう話の中では、いろいろ秘密もありますがね（笑）。昔は、秘密稽古、人に隠れて稽古をした。公けに稽古ができるようになってからは、みんな名乗り合って稽古したんですが、それ以前は、四畳半、三畳間で、先生と二人で隠れて稽古していた。そういう時代があったんです。僕らが小学校四、五年くらいからは、開放的な空手になった。その段階で琉球古代の空手に変化が生まれてきたわけです。

——変化と言いますと。

座波　型の限界。

宇城　普及用の型になるんですね。一対一ですと手取り足取りでできますが、人が多くなると普及型、いわゆる団体型になってしまうんです。当然のことながら全体に目が届かなくなる。

座波　一般公開となると、二十人、三十人の集団で稽古するでしょ。教える先生は全部に目が届かない。うまいのがぐーんと伸びて、うまくないのはいつまでもうろうろしとる。うまい連中は先生の跡を継がねばならないので、まじめに熱心にやるけど、中途半端な連中は途中でやめてしまう。「わしは空手を知っとる」と言って喧嘩してみたり（笑）。そういうように乱れてくる。それも特殊な人たちに限られとるんだけれど、だいたい四、五年も道場に通ってくる連中はめったに喧嘩なんかしない。二、三年して途中でやめるような連中は危ない。

――当時の人はどのような動機で空手を始めたのでしょうか。

座波　いろいろありますけど、当時は空手で喧嘩するのが流行した時代なのです。それにつられて空手に入門したりした。でも、他派の道場と試合をして負けてやめるやつもおった。

喧嘩時代と言いますかね、そういう時代があったんで、空手を稽古して自分を守らなきゃいかんという動機で入門した人が多い。

――それは明治の後半から大正にかけてのことになりますか。

宇城　そうです。

座波　その時分は、男は自分の目の前にくる敵くらいは防がなくちゃいけないと考えられていたから、「男は夜道にどこを歩くかわからんから、自分を守ることくらいは稽古しとけ」とすすめる親たちもおった。

――柔道などの武道が沖縄に入ったのは、いつ頃になりますか。

座波　大正の末期くらいから柔道が入りだした。警察が柔道を奨励したのです。

宇城　沖縄では空手が正課になっています。

座波　今は小学校六年くらいから空手をやっている。

宇城　先生の小学校時代の頃は。

座波　担任の先生が空手をやる人だったら空手、棒術を知っとる先生だったら棒術、そういうふうに何かを正課にしていた。中等学校から空手が完全な正課になって、体育の時間に空手をやり始めました。

――明治のはじめ頃、大東流の武田惣角が武者修業をしながら九州まで行き、沖縄に渡っていろいろな沖縄武道を研究し、そこからハワイに渡ったという話も残っています。その頃、沖縄とハワイのつながりは強かったと思いますが。

座波　沖縄が廃藩置県になったのは日本内地より二年遅れています。明治八年でした。それ以後、よくハワイなどの海外へ移民として行った。そして沖縄で空手をやっておった連中が向こうの人たちに教えた。それが一世ですが、二世からはなくなった。

――そうですね。アメリカに空手が入ったのは、ひとつにはハワイからでしたから。

心を見る空手

――宇城先生は大学時代はスポーツ空手をやられて、座波先生の影響を受けて変わってきたということですが、座波先生から見て、当時の宇城先生の空手にはどんな課題があったのでしょうか。
座波　最近は、僕が教えとるだけのことをこの人はそのまま受け取るから別にどうということはない。だけどこの人の学生時代は、もちろんスポーツ空手をやっとった関係で、大阪で僕と稽古していた当時は、まるきり空手になってなかった。もっとも、空手というのは型がありますから、型はよく知っとった。しかし、型の基本的な分解はできるけど、その分解を応用したり、裏分解を使ったり、型をどう解釈するか、そういう細かいことを知らなかったんです。最近は僕より上手になってきました。だから僕が知っとる以上に、この人は知っとるところがあるんです（笑）。
宇城　当時、私が型をやりますと、「なんの型か」と言われましてね（笑）。全日本空手道選手権大会や、その他各種の大会を経験し自信を持っていたのですが、型をやると「それは何だ」と聞かれるので、「これはパッサイの型です」と言うと、「そう言えば、ちょっと似てるかなぁ」と（笑）。大学卒業後、大阪の座波先生のところに来た時はそういうふうでした。
座波　今言えるのは、「見る」と言うんですか、相手の「心を見る」ということが年齢的にまだできないところがある。たとえば、こう構えて立つでしょ、その人が何をどこを狙うとるか、そういうとこまでピンとこないようですね。それぐらいです。あとはもう僕以上にやりますから。

琉球の武士道

――座波先生のお兄さまの次郎氏のエピソードとして、沖縄で喧嘩があると「座波を呼んでこい」のひとことで、たいていの喧嘩がおさまったということでしたが、こういう争いの止め方はとてもおもしろいですね。

座波　ふだんから周囲、近所の人に信頼されていたら、大喧嘩だといって呼ばれて行っても、行くだけで喧嘩は止まってしまう。空手をやる人は誰でもそれぐらいの心得は必要なんです、ふだんから周囲の人に信頼されることが。これが琉球の武士道です。

——深い意味がありますね。

座波　はい。喧嘩が強いから仲裁がきくのではなくて、ふだんのその人の信頼感で喧嘩がまるくおさまる。

——この仕事（『合気ニュース』）で、いろんな人に会う機会があります。会った方々の中には、技が素晴らしくても人間的に魅力のない方もおられました。武道で自分自身を磨くということは非常に大事だと思うんです。いくら技が素晴らしくても、普通の社会の中でスムーズにいかないとあまり意味がないと思います。

座波　さっき言ったように、人間的に信頼感があっても技がなかったら誰もそこまで信頼する人もおらんし、かえって波が起きてしまう。自信を持った技、それを身につけておかないと喧嘩をおさめるなんていうことはできないわけです。

——お兄さまの場合は、こういう戦略があったとか、技があったとかが第一義でなくて、そういう技の持ち主であるという裏付けで社会に信頼された結果だったということで、素晴らしいと思います。言うのは簡単ですけれども、実現するのはなかなか（笑）。

座波　そうです。やっぱり人に信頼されるには、その人自身の技も豊富でないと押しがきかないですね。ただ単に信頼されるのではなく、空手の技でも、あるいは人間的にも、いろんな角度から信用されてはじめてその人の信頼の効果を上げるんですね。

相手の呼吸を自分の呼吸に合わさせる

座波　僕は、たまに若い人に言いますけど、その人の型を見てその人の性格を知る。いいかげんな型をやっとったら、その人の性格もいいかげん（笑）。やるんだったら、へたでもいいからまじめにやる。

宇城　そこが先生のいちばん厳しいところです（笑）。真剣にやるということですね。先生からいつも言われる教えに、第一に眼、第二に姿勢、第三に瞬発力があります。この点は私自身はもちろん、指導する時も肝に銘じてやっております。

座波　私には目をにらんで話をする習慣があるのですが、これが初対面の人と話をする時にいちばん困る点です。その人が私の話を聞きながら頭の中で何か返事を考えとる、その返事が自分の目の中に入ってきよる。でも初対面の人は目をにらまれたら、なんかこういやな感じがするらしいんですね。そういうことが、初対面の人と話をする時に困ることです。たまに、こう目をそらしたりすると、今まで聞いとった話がわからなくなる（笑）。

『合気ニュース』一〇三号で宇城君は、「『次は蹴りか』『次は突きか』と先生に言われたのでドキッとした」ということを書いていますが、あれなんかは私としては非常に見破りやすいわけですよね。相手の目をにらんどったら足がこうもじゃもじゃする。こっちの隙をはかっとる。隙が出てきたらパーンッ！と蹴って自然に構えが出てきよる。

相手が行動せんうちに見破るから、どういう技でも相手の技にかからないんでね。これを相手が行動してから見破るんやったらもう遅い。行動せんうちに見破る。そういうところは、いろんな精神訓練と言いますか、神経の働きをよくする運動をする、そういうもので鍛えていけばできるんです。

――つまり相手の呼吸を「読む」ということですね。

座波　そうです。相手と相対して構えた時、相手の呼吸に自分の呼吸を合わせるんじゃなくて、相手の呼吸を自分の呼吸に合わさせるようにせんならん。ですから相手がパッと動いた時、こっちは余裕があるわけです。向こうの呼吸に合わしていたら余裕がない。

宇城　一つ、わかりやすい例を挙げましょう。座波先生にお聞きしたのですが、昔沖縄には、誰かが後ろからつけてきたら自分の歩き方を変えてみる、ということがあったそうです。相手がそれに合わせてきたら、それは「つけている」ということですね。それがひとつの呼吸です。だから先生の場合は下駄など履かない。音がしないゴムぞうりしか履かなかったそうです。

座波　夜道を誰かがついてくる。いっぺん自分も後ろの足音に合わせて歩いてみる。そして今度は自分のペースで歩いてみる。そして向こうが自分の足音に合わせてきたら、これは敵なのですよ。

——おもしろい。

座波　後ろを振り向かんでも、どれくらい稽古しているやつかということがわかる。

宇城　こういう話は、道場ではなかなか聞かせてもらえません。先生と一緒に行動させてもらって、だんだんそういうことがわかるようになってくる。だから、道場で習っているだけではうまくならないというのが私の悟ったことなんです。

——敵を自分の考えに合わさせること、これは政治の世界でも応用できると思います。たとえば、太平洋戦争。戦争の前の段階の、アメリカ、日本、ヨーロッパの外交レベルは、お互いをぜんぜん理解していなかった。まるで子供の喧嘩のようでした。時代が変わりましたけれど、今でも互いの理解はそれほど深くないと思います。武道の天才が政界のトップに立っていたら、当時の世界は変わっただろう、という想像を私はしているんです。

歴史の本には、この将校がこの戦いで活躍したとか勝ったとか書かれていますが、ここで戦争を避けたということは載ってないんですね。それがいちばん価値があるのにです。

話は変わりますが、欧米では宮本武蔵の『五輪の書』などがビジネス成功のための戦略本として読まれたりしていますけれども、座波先生は、宮本武蔵をどう捉えていらっしゃいますか。

技や型を金庫にしまいっぱなしは、だめ

座波　そうですねえ。若い頃は、宮本武蔵とか塚原卜伝《ぼくでん》などの本を楽しく読みました。ところ

がね、読んだあとでその内容を振り返ってみたら、どっか物足りない。あれほど上手になって、あれほど人を斬るのがうまいのに、なんで自分を制する力がないのか。相手に挑戦されたらすぐ乗っていって喧嘩する、闘いをする。それを闘わんうちに防ぐ方法はないのか。そういう物足りないようなところも多少感じるようになった。

若い頃は斬ったり張ったりを読むのが好きだったんでしょうが、あとで振り返ったら、人間修業的にちっと穴の空いたところがあったりしている。稽古ぶりなんかは非常に興味があったのだけど、実践で戦うということには興味を持ちませんでしたね。

——では、先生が影響を受けた武術家は。

座波　そうですね。若い時分は先輩もおりましたから、「この人は僕よりうまいなあ」という感じもありましたけれども、弟子を持ち、自分なりに稽古をして古い空手の技を掘り起こして教えるようになったら、先輩たちのやっとったのが、どっか物足りなかったなあという感じを思い起こすこともあります。先輩たちの型は、全体的に見たらそれほどうまいとは思わんけども、しかし部分的に見たらキャリアを持っとるだけにいいところがあるんですね。

今の空手の型などを演武会でたまに見ますが、空手になってないなあという気がすることがあるんですけれどね。

僕らの空手の場合、心道流という独立した名称を持っておりますが、大阪には糸東流というのがある。糸東流の人でも、わからんことがあったら「教えてください」と僕のところに来る。

僕の考えでは、空手には流派はない。だから同好者が寄って一つの空手の団体を成立させる。

流派で成立するのとは違う。他の流派が教えてくださいと来ても、「いや、あんたらは流派が違います」とは言わない。結果的には、いいか悪いか知りませんけど、お互いの技を開放することは人間的に非常にいいのだ、と僕は思う。

自分の知っとる技、型、それらを金庫に入れておったらいつまでも出てこない。金庫に入れる暇があったら、誰かに預けとったらいい、その人が弟子を増やしてくれる。

たとえて言えばそういうことで、同じ空手なら流派を考えることはない。だから、どんな方が来ても知っとる技を教えます。ただし、聞かれた質問は古い時代の技の言葉で説明する。近代語はわかりませんから、と最初に断わっとくんです（笑）。

座波宗家によるセイサンの型　1993年1月　78歳

投げ技――一つの技からの変化応用

技と術の違い

――前回の取材で心道流空手の型についていろいろお聞きしましたが、実技で空手の投げ技も見せていただき、なかには合気道に通じるものもあって、たいへん興味を持ちました。心道流の投げ技は数にしてどのくらいあるのでしょうか。

宇城　その前に技よりも術が重視されなければならないと常々言っておられる座波先生から「技と術の違い」についてお話しいただいたほうがわかりやすいかと思います。とくに投げ技には、この考えが重要だと思います。

座波　技というのは、かける技術のことを言います。術というのは気がつかないうちに相手に技をかけること。技は見えるのですが、術は触られたという感覚はあるけれど、どうして投げられたかわからない。そういう違いがあるんです。

宇城　稽古でいくら技ができても、実戦ではこの術がないと技は使えないのではないかなということですね。

座波　そう。どういう技が術に変化するか、その時にならないと説明できない。

宇城　つまり、投げ技は数にしたら無限にある。基本となる型が一応ありますが、体勢が変わると体さばきが変わってくるため、二度と同じ技はできない。つまり、相手の力や間合・スピードによって投げる瞬間に技が変わる。それは、触れた瞬間、その人だけにしかわからないんです。この時点で技から術への変化がある。ですから、基本の技は一応五つくらいありますが、術になると無限にあるということになります。

座波　基本を稽古しておけば、必要な時点で変化がきくわけです。今ナイファンチンの型で投げ技に入るところを、相手の力のバランスでクーサンクーの投げに入るかもわからん。かける瞬間の力と相手がそれに乗ってくる力が狂った場合は、またほかの型の投げでやらなければいけないということですね。稽古の場合は、基本のままをやりますが、実際の場合では、どこでどう変化するかわからない。そういうのが術ではないでしょうか。

――基本的に投げはどういう場合に使うのですか。

座波　相手が自分より力があるとか、身体が大きいので長期戦になったらこちらが力で負けるといった場合、つまり最初の一撃で勝負を決めておきたい場合ですね。

相手の力を流す

――投げ技は心道流特有のものなのでしょうか。

座波　ええ。昔は古い先生たちのがいろいろあって教えてもらいましたが、現在残っているのは心道流独特の技です。ほかの道場で投げを見る場合がありますが、柔道のような投げですね。

空手の投げというのは最近姿を消した感じです。

宇城　昔は、型は四畳半、つまり狭いところで、投げは外で、つまり広いところでやったと聞いていますね。当然武術ですから、投げ技はあったんですね。ところが現代化するなかで、そのほとんどが消えていった。今見る空手の投げ技は、新たに考えられた、ちょっと強引なところがあるような気がします。昔からの空手の投げ技とは違うように思います。

——その違いというか、特徴とは……。

座波　空手の投げの特徴は、力で投げるんじゃなくて、相手の力を流して倒す、つまり相手が勝手にころがるようにする。

——つまり相手の力を利用するということですか。

座波　そういうことです。相手の力を利用する。つまり自分の力を空《から》にして相手の力を十にし、そこを利用して投げる。

宇城　その基本は「相手のセンターをずらす」なんですね。つまり中心をずらす。どのようにしてずらすかに妙味があるわけです。ここに技と術の差も出てくるんですね。

——空手の投げ技はスポーツ空手の中でいろいろ応用がありますでしょうか。

座波　スポーツ空手では取り入れられる条件がないんですね。というのはぐんと接近戦になると、審判が中に入って別れさせてしまう。つまり投げ技をかける余地がない。

宇城　スポーツ空手に取り入れるとしたら、試合そのものにはルール上難しいものがありますが、投げ技を稽古することによって、力の抜き方がわかるという点があります。スポーツ空手の場合、突きにしても蹴りにしても、力でやっていることが多いけれども、投げをすると力の抜き方がよくわかるんですね。そういう意味では投げをすることは非常にいいんじゃないでしょうか。

座波　自分の力、自分の身体に合うような技を自分で作り上げるのが大事ですね。皆と稽古する時はその人その人の特徴で稽古します。たとえばある人の投げに乗れない場合がある。そういう場合はその人の技を基本にして自分の技を作り出す。そうしていけば、いつまでも私のように八十歳になってもやれるわけです。体格の大きな人の技をわしらが真似したってできない。しかし大きい人は小さい人の技や術を真似できんこともない。ただし、大きい人はいらんところに力を出す癖があるので、それを自重して力を抜く必要がある。

一方、小さい人は大きい人に立ち向かった場合、力でやる必要がないから、やりやすいというわけです。

宇城　ここはもうスポーツの特徴とでも言うべきウエイト制と逆行するんですね。先生の場合は相手が大きいほうがかえって楽であるといつも言っておられます。

座波　さっきも申し上げたように、技をかける時、相手のセンターをちょっとでも狂わせたら、その人の力が全部こっちにくる。相手の力がゼロになって、わしの力が相手を自由に動かす力になる。相手をいかに動かすかということが大事なんです。

それから、空手の投げの場合は、上体がカチカチになっている人が投げやすいですね。逆に身体の柔らかい人には技をかけにくい。しかしそういう人に対する技のかけ方もあります。

宇城　武道とスポーツの違いは、まず武道は身体が柔らかくなくてはいけないこと。柔らかいか硬いかがひとつの基準になると思いますね。ただ柔らかいと言っても硬軟の軟らかいではだめですね。

もう一つの重要な点は、稽古（修業）のあり方にもあると思います。よく先生から稽古の時は「攻撃は思い切って相手の中心（急所）を真剣に狙ってやれ、遠慮しとったんでは稽古にならん」と言われてきました。

そして、基本の突き一つにしても、突く時は道場の中の空気が突きの勢いでブワァーッと動くようでないといけないと言われてきました。そういう真剣な厳しい稽古によって技を身につけていくことが大事だと思います。なれあいの稽古では、いざという時に技がかからないし、また出ないのではないかと思っています。また自分中心に構成したコンビネーション技などでは（とくに相手が技を持っているような場合）なおのことです。身体が相手に対して自由に変化してこそ、技であり術ではないかと思います。

――そうですね、よく見られるなれあいの攻撃、あれなどは本当に無意味ではないかと私も思います。素人相手ではなく、座波先生や宇城先生のような空手家の突きに対してどう対処していくのか、といったことを真剣に考えながら稽古に臨むことが大切だと私は思います。

自分に合った術を作る

空手の投げ技というのはつまり、型の応用変化技ということになりますね。

宇城　ええ。型を基本にしながら、分解応用変化の中で投げ技がある。どういうふうに基本から変化しているのか、その順序を追って実演したいと思います。

その前に、応用ということでお話しすれば、たとえば先生がもっとも得意とされる技があるとします。それを私が先生から習っても、それが私に合うものであるかどうかはわからないと先生は言われるんです。だから習ったことをベースにしながら、その人その人に合った術を作らなければいけないということなんですね。先生は、奥伝はあるけど奥義はないとおっしゃる。つまり、最後は自分が悟らなければならないと。

背の高い人が低い人の真似をしても理に合わない。型の中には、背の高い人には高い人に、小さい人には小さい人に合った技、すなわち、その人に合った力の取り方ができる技が必ずあるから、型を稽古することによって、それを見つけるように鍛錬しなくてはならないと言われます。そしてそれが身についた時、おそらく術という状態になっているんじゃないかなと思うんです。変化は技のうちで、応用ができて術の段階にあると思います。

大事なことは、型をたくさん学ぶことより、型の意味を理解し、基本分解・変化分解そして応用のステップを踏むことではないかと思います。一つの基本分解からでも応用が身につくと無限に技ができるわけですから。ところが型をたくさん知っていても変化分解・応用ができていないと、百の型からは百の分解しかできない、ということになると思いますし、また実戦になると、単なる型を知っているだけで応用が身についていなければ、それはゼロに等しいと思います。

使えないわけですから。

よく先生から「学ぶ、学んだら次は覚える、覚えたら真似る」と聞かされます。このことも大事なことではないかと思います。

座波　何もわからない素人だから習うわけで、そのためには一つでも覚えなければいけない。覚えたらそれを基本にして真似をする。空手の型は何十とありますけど、できる数を誇るのが武道じゃない。何十の型の中から一つでも覚えたら、それを基本にして、先輩や師範たちがやっているのを見て真似をする。一つ覚えた型が自分の技になる。これが自分の基本になる。それからいくらでも応用ができる。自分の技、自分の型を作り上げなくてはいかん。その一つの型で全部を真似していく。

昔の大先生といってもですね、実際に使いこなせた型は四つか五つぐらいしかない。五十も百も知っているからといって、みな使いこなせるような先生はおらん。そのうちにその先生の特徴技というものが生まれてくる。それが人の真似できない技なんです。

今の人たちは「あの先生は空手の技をいくつ知っているだろう」と聞くけど、空手の型は百も一つも同じです。一つの技から変化、応用させていろんな技を作り出す。それが自分の苦労、自分の修業なんです。そこまで修業せんことには、本当の自分の技は生まれてこない。

真剣を想定しての空手の稽古

――心道流空手では、真剣に対しての稽古もやりますか。

座波　真剣との試合を想定しての基本稽古はあります。基本は刀が抜かれるまでの間が勝負です。剣が鞘から走る時は、肘が先に動く、その瞬間に飛び込んでいくのが基本です。もし抜かれて構えられたら、剣の三倍分の間合いを持つ。打ち込んでくる人はヤアーと入ってきますから、一歩入ればいい程度まで自分が入る。それでちょうどタイミングが合う。以上のような基本的な教えが伝わっています。

――空手にとっていちばんこわい武器はやはり刀なのでしょうか。

座波　空手の敵としては同じ空手がいちばん怖いですね。空手の場合は出てくる拳に伸び縮みがある。その人の体勢によって、その人の拳がどこまで伸びるか、どこまで引っ込むか、最初構えているうちは計算ができないんです。しかし相手が、たとえば合口とかナイフとか、何か物を持っていたら、その人はそれを頼っているからこっちはその計算ができる。つまり、相手が突く場合、相手の手の伸びた分にナイフの長さをプラスしたらいい。

物を持っている人に対する場合、半身でかわすことが大事です。身体一つかわしたら、剣が逆にくるかもしれん、その余裕を与えたらいけない。身体半分でかわす。これは中心を基準にする、中心を狙ってくるんですからね。

たとえば日本刀なんか長いでしょ。上段からくる場合に、自分がこう立っていたら、どっちかの足だけを開く。二つの足を動かしたらだめ。片一方の足だけ動かす。軸足は動かしたらいけない。軸足を動かしたら、今言うように自分の身体に隙ができる。で、自分の攻撃ができなくなる。

だからもし上段からきたら、どっちかの足だけ動かして、身体をかわして、それで入り込んでいく。

宇城　二つかわすと受けになって、相手を倒すことができない。攻防一挙動にやる。普段から身体の変化、運足、立ち方、軸足を動かさないこと、そして線が崩れない正しい姿勢については型を通して厳しく教えられています。

座波　僕らが若い頃は組手する場合でも相手が真剣を持っているつもりで稽古した。だからちょっとでも身体をかわすのがまずかったら切られてしまう。空手の稽古といっても真剣勝負みたいなもんです。

風圧が先にいく拳

――真剣を想定するというのが心道流の特徴でもあるわけですね。

座波　心道流の空手の突きがほかの空手の突きとはっきり違うところは、心道流の場合は拳が下から上へあがってくる。しかし、一般の突きはまっすぐです。下から上へあがっていく拳はそれだけストロークが長くなる。まっすぐいく拳はそこで止まるけど。これがよその突きと違うところ。下から上へいく拳は長くなる。それだけ伸びるんですね。拳の出し方の違いですね。

――なにか違うと思っていたんですが……そうだったんですか（笑）。

座波　風圧が先にいきます。まっすぐくる拳には風圧はありません。風圧が先にワッといくと当たらなくても相手の体勢が崩れとる。こういうのもごまかしというのかもしれない。技のごまかしでなしに、術のごまかし。術というのはある程度ごまかしがないと効きません。

宇城　正直に力を出していたらなかなか思うようにならない。相手に力を感じさせないようにしてやるわけですから、術なんですね。

座波　もう一つの特徴は、拳が身体から離れる時から回転している。つまり、鉄砲の中を通る弾と同じでね、拳が下から上に回転しながらあがっていく。だから、相手が力いっぱい受けたほうがよい。その拳は受けたところで止まり、そのまま技に移っていける。ほかの基本的なところは、どこの空手でも一緒です。ただお話ししたようにその応用が異なるんですね。

戦わずして勝つ

素手と武器

――宇城先生は居合も併行してやっておられますが、空手にどうプラスになっているのでしょうか。

宇城　何か二つのことを同時にしようとした時に、次のような諺《ことわざ》がありますね。「二兎を追うものは一兎をも得ず」、一方では「一石二鳥」という、相反する意味合いを持った教えがあります。

さらには、武術においては「武芸十八般」という言葉があります。

私が居合を始めたのは、空手歴一五年目の時でした。当時、よく先生から「武術をやる者は〝ヒカリ物〟(刀などのこと)を見て目を鍛えておくことが大事だ」と言われていたこともあって、また、昔から自分自身でも日本刀に興味があり、さらに素手に対しての最大の強敵は日本刀であるとも思っていましたので、その辺りが居合をするきっかけになったと思います。

「柔道」や「剣道」は一般になじみが深くよく知られており、「剣道」と「居合道」は車の両輪のようなものと言われ、両方やることが勧められていますが、それは竹刀の原点が刀であることに起因しているからだと思います。しかし現在の剣道と居合道は両輪になるのかどうか、考えさせられるところがあるように思います。

私が空手と居合を併行してやるようになったきっかけは、前に言った通りですが、「空手と居合」は「素手と武器（刀）」という、「物を持たない、持つ」という意味では相反しますが、「防御（すなわち守りの中から攻撃する）」という意味ではよく一致するところがあります。さらには物を持つ気持ちと持たない気持ちの両方がわかることによって、もう一つ奥の、物を持たない心構えと持つ心構えがわかるように思います。

具体的に併行してやっていくなかで、両者の異なる身体の動きから、それに伴う正しい姿勢のあり方、力の抜き方が相乗効果となってわかるようになってきたように思います。

たとえば空手の中で力の抜き方がピンとくると、まずいろいろな技で検証してみる。さらには居合で検証してみる。その過程でまた発見があり、フィードバックしていくなかでさらに奥が深くなっていく。そして、自分の中に普遍の技ができあがっていく。こうしてできた技は、応用（いろいろな変化）がきくように思いますね。

空手の場合は素手、居合の場合は刀を持つ。物を持つというのは本質的にはその物をいかにうまく操作するかということだと思います。

座波　物を持っている人はその物を生かさなければならない。だから難しいだろうという感じがします。僕らの場合は物を持たないから、物を持っている人と対抗する場合は、自分の動きを相手に見破られないように動かなくてはいけないんですね。物でやられてしまいますから。相手に見破られないように動く自分の動き、その瞬間的な動きが空手の技の手口なんです。

空手の場合は、手口を失ってしまってはいけない。パッと動いた瞬間に相手もこちらが動いた瞬間を利用するから、その瞬間にこちらが技を出せるか、そこらが空手の勝負でしょう。その点やはりキャリアが必要でしょうな。

宇城　また構えというのは、構えることによって逆に相手に技をかけられてしまう。それよりは自然にしているほうがいろいろな変化に対応できるので楽なんですね。

座波　だいたい、構えるというのは防御の体勢なんです。攻撃の体勢ではない。キャリアのない人がなんぼ構えても、「バン」とこられたら後ろへ下がる。下がったら構えていた手は飾りもんなんだね。構えは防御の体勢だけど、現実には飾り物になっている。それよりは今宇城君が言ったように自然体で立ったほうがいろんな技に変化がききます。

空手には防御という言葉がありますけども、受けという言葉はないんです。防御というのは自分を完全に守ることを言うんです。受けだけでは防御にならない。攻防一挙動で出ていかんと防御にならない。今よく言われる受けというのは、玄関にある郵便受けと同じ。ただ受けるだけでなんの効果もない（笑）。しかし防御には攻防がある。守りと攻撃が一体とならないと完全に自分を守れないんです。

宇城　この点がいちばん大事なところですね。郵便受けの話ではないですけど、両手を同時に使ってやっていないと「宇城君、左手がいらないならタンスにしまっておけ」なんてよく言われましたよ（笑）。ここが先生の厳しさですね。

座波　そう。今の空手でいちばん変わったことは相手にどう勝つかを考えていることだね。僕らの時代にはそんなこと考えたことなかった。どうしたら自分を守りながら、相手を攻撃できるかということを主体においていた。だから攻防一挙動という言葉で表わしている。受けてから攻撃ではなくて、攻防が一挙動に出る。それが自分を守る基本になる。一《いち》で受けてそこで止まり二で攻撃、ではなく一で受けと攻撃をやる。
宇城　今のスポーツ空手では、少し勘がよかったり、ちょっと身長があったりすると勝つ。先生は昔は技がないと勝てなかったと言われています。同じ勝つでも全く内容が違うように思います。

自分を変えていく力

――スポーツの目標は限られていますが、武道は精神を磨く手段として、その役割は大きいと思うんですね。

宇城　そうですね。精神を磨くということは、認識が変わっていくということでもあるのではないかと思います。現在、私が課題にしていることがあるのですが……宇宙に行って帰ってきた人を立花隆という方がインタビューした本があるのですが、その中に、一週間くらいの宇宙旅行によって、ほとんどの人が地球に帰ると人生観まで変わってしまっているという話があるんですね。宇宙に行くという未知のことに対する実体験からものすごいインパクトを受けることによって、自分が変わってしまう。何らかの変化が起こる。何らかのインパクトによって自分が変わる（成長する）ということは不思議でもありますが、非常に大事なことだと思います。

ところが、武道にもそれに似たようなことがあるのではないかと思っています。

精神論で変えようと思ってもなかなか変わらない。ところが実体験、武道空手を通して単なる脳で理解するのではなく、身体を通して脳が感じ、そこに認識の変化が起こる。すなわち身体を通して脳が感じ、その脳が今度は逆に身体を変化させていく。

そして、今まで見えなかったところが見えるようになる。不思議な感動ですね。それを私は武道空手に感じました。

スポーツというのは勝った負けたの世界で、それも大事ですが、もっとも大事なことは、自分でできなかったことができるようになることだと思います。

たとえば武道で言う真の力は力のない力である。それは力の抜き方ができてはじめてわかる。さらにそのことによって小が大に勝つという可能性の認識ができあがってくる。

先生からよく言われることですが、自分の姿勢は鏡で見たらわかるけど、心は弟子を育ててみなければわからないと。自分の（指導者の）心が映るんですね。それだけに責任も重大です。

忍耐と広い心をもって、いいところを見つけ、それを伸ばしていく。基本的に愛情なくしてできるものではないと思います。弟子を育てる過程で自分の中に何かが芽生えているんですね。そこに人を見る目が自然とできてくる。そして教えて学ぶという認識ができあがってくる。

逆に習う立場になっても、教える立場が見えるので上達が早くなるということにもなるわけです。すなわちいちばん難しい人間対人間の中で、普遍性を見出していく力ができ上がっていくことです。ただし、中途半端ではだめだと思いますが。何かのインパクトによって自分が変化（成長）していく。これは非常に重要なことではないかと思います。

心の目

座波　僕は弟子によく聞くのです。空手をやっていて自分が変わったと思うことはないかと。しかし、僕が質問する時点では誰もピンと感じないんですね。しかし帰って一人になると、それがわかる。一人になって、昔の自分と今の自分の変化に気づく場合がある。

空手というのはさっきも申し上げたように、何も手に持ってないものだから、心の目というものが必要になるんですね。だからどれだけ技に熟達して、型も上手になり、力のバランスが取れるようになっても、心の目がなかったら相手を指導することはできない。弟子が何十人集まっても、一人ひとりの顔を見たら、その人の性格を見抜くだけの心の目がなかったらいかん。でないとその人に合うような型の説明、技の教えができない。同じように教えても、同じ型を教えても一様にいかんのです。

その人の性格に合うように説明し、型をなおしてやらなければいけない。一人ひとり皆違うから、指導者には心の目というものがないとね。心で自分の弟子を育てる。自分の肩書で弟子を教えておったのでは自分より優れた弟子はできない。

僕は宇城君らに教える時は、自分の覚えている技を譲るという感じで教えている。その譲る気持ちが本当の師としての弟子に対する贈り物です。その譲る気持ちがないと弟子は技は覚えられない。よしんば覚えたところで、どこかちぐはぐになってしまう。教える人は自分が知っているだけを全部弟子に譲らなければいかん。そういう気持ちで弟子を養成せんと、優れた弟子は生まれない。
だから宇城君は技術的には僕よりは上ですよ。まだ若いから日常の人間関係を武術的に解釈するところまでいっていない感じはしますが。普通の人間関係と空手の技が作る人間関係は違いますのでね。そこをよくこれから研究してもらいたいですね。そうすれば完全な空手家です。

戦わずして勝つ

座波　沖縄時代の先輩たちは、空手をやっている人は喧嘩をしたらいかんと言うんです。「なぜ喧嘩したらいけないんですか」と質問すると、空手をやっている人は喧嘩して負けたら、「あれは弱い者と喧嘩して負けた、素人に殴られた」そう言われるからいかん。勝っても逆に「空手の強い奴が弱いもの殴った」と言われる。だからなんぼ勝っても誇ることはできない。だから自分が空手をやっていることを周囲の人に知られたら、自分から引っ込まなければいけないと。それが先輩の答えです。

宇城　まさに「打たれず、打つまい」という言葉通りなんですね。

座波　戦って勝つのは素人でもできる。戦わずに勝つということを、空手をやる人は身につけなければならない。
戦わないのになぜ勝てるのか。これはね、その人が普段から周囲の人に信頼されて尊敬されていればこそなんです。誰も抵抗してくる人はおらんのです。そういう人間にならなくてはいかん。そういう自分を作る勉強をしなければいけない。これはわしがなんぼ優れた博士でもやってあげられません。自分で自分を作らなければいけない。戦わずに勝つ、これが空手の最終結論、奥義なき奥義ですよ。

これは知花先生の逸話ですけど、先生が、空手の型など知らない、拳骨一本で名をあげとる者に試合を申し込まれたんですね。すると先生は、「僕は空手は知っているけど、喧嘩は知らない」と言ったというんです。

――すごい答えですね。

座波　「喧嘩は知らないから、喧嘩したらあんたに負ける」とね。しかし、相手は「そうは言っても負けたという証明にはならないから、もし本当に負けたと思ったのなら土下座して丁寧にわしに頭下げてみろ」と言った。知花先生は言われた通りに頭を下げた。武士が喧嘩するという噂でみんな隠れて見ていたんですが、その先生を見て、その人たちは「さすがは空手の知花や、あれだけ言われて丁寧に頭下げるのは並の人ではない」。こういうのも戦わずに勝ったということですね。

宇城　おそらく実際にやったら勝つという裏付けが当然あるからできたと思います。よく空手をやっていると、「瓦を何枚割れますか」という質問に合います。それに対しては「瓦は屋根に敷いて雨から守るものです」。これもなかなかいい答えなんです。

座波　昔の有名な先生たちの中には、勝った先生がいないんです。空手は喧嘩をするために稽古するのとは違う。勝ち負けはその時の問題。武士というのは、日常の気持ち、普段の行ないのことを言うんだと。普段から人に憎まれんように、普段からの行動を丁寧に世渡りするのが武士というんだということです。

認識から無意識への変化

宇城　昔、先生に向かって構えると「宇城君、次は蹴りか」と言われ、何でわかるんだろうとびっくりしたものです。「ああ、蹴りがくるな」と相手の動きが先に読めるようになる。これは、頭で理解してわかるものではありません。自分の身体を通して得た頭（認識）がそれを可能にすると思います。

認識の過程には相手の動きが先に「読める、読めない」の次元があり、次に相手の動きが読めると同時に自分の身体がそれに対応する姿勢になっている。さらには、相手の動きが読めると同時に相手の動きを封じ戦えない状態にしてしまう次元がある。

それは「型」「型の分解」「変化応用組手」の稽古を通して身体が自由に動くようになった時、つまり意識の動きから無意識の動きになった時の次元です。さらに意識、無意識の変化は繰り返され、奥が深くなっていく。わかりやすく言えば、広がりながら中心に近づいていく、すなわち、ある液体から何回も繰り返し抽出していくなかで、その基本成分を見極めていくようなものではないでしょうか。そこに自分の変化を感じるとともに、一生修業という謙虚な気持ちができ上がっていくと思います。

世界にエネルギーを発信する武道を

父も兄も空手家、自然に空手の道へ

――空手を始めた頃のお話から伺いたいのですが、最初からご自分で習ってみたいと思われたのですか。

座波　僕の場合は空手の環境がよくてね。父も兄も空手をやっておったから、二人で稽古をするのを横で見ていて、それでいつのまにやら覚えとった。それが、好きでもあったということでしょうね。小さい時分から見ているからね。小学校へ行く時分から一人で稽古できるようになっとったからね。そういう環境の中で育ったから空手が身につくのが早かったわけですね。

――最初の頃は、どういう稽古をされていたのですか。やはり型をやるのが多かったのでしょうか。

座波　昔のことだから型ばっかりですけどね、子供だし、組手の相手もおらんし、型ばかり。小学校の二、三年くらいになってから、時たま先輩たちに組手を教えてもらったりして、それがいつのまにやら覚えてしまって、小学校卒業する時分には、もう先輩たちを教えるような感じになっていた（笑）。

まあ、教えるんじゃないんだけど、ちょっとでしゃばった感じでアドバイスみたいなことをやっていた。今思うとほとんどまあ、小学校卒業する時分から空手は完成に近かったと思います。

――巻藁などはずいぶん突かれたのですか。

座波　うちの親や兄貴たちもそうだったけど、巻藁はあまり奨励しなかったんです。巻藁は「当てる感覚」を作る意味でやっていたんだけど、それがこうじて夢中になり過ぎて手首を傷めたり関節を傷めたり――そういう傾向があるから、やってもいいけど巻藁を「突くんじゃない、当てるように稽古せい」と言われた。突かないもんだから関節を傷めない。だけど強い。その当時のほとんどの人たちは、突くんじゃなくて当てた。一般的に空手が日本内地に普及された頃から「巻藁を突く」という感じになってしまった。琉球沖縄時代は巻藁を突くんじゃなくて、「巻藁を当てる」と言った。

――今はほんとうに巻藁を叩いて固めてしまうみたいな感じですよね。

宇城　巻藁を突くと巻藁の力がはね返ってきて、手首、肘、肩を傷める。一方、巻藁に当てて入れ込む突きは、巻藁の弾力性を手首、肘でコントロールするので関節が強くなる。巻藁をガンガン突くと、最初拳から血が出て、そのうちタコができる。空手家イコール拳ダコのイメージがありましたが、実はそうではないのですね。

――組手は普段やっておられたのですか。

座波　当時の組手と今の組手とは違います。僕らの時分の組手は、自分の好きな型の中から好きな技を見出してそれでやる。型の中にある技、それで自分の組手を作る。そのために誰かに相手をしてもらって、自分の組手を作るために組手を稽古する。教えてもらう組手ではなくて、自分の組手を作るための組手の稽古。だから実際的な技、自分の身体、力――それに合う実際的な技を自分で見出すということですね。

今は一つの道場でたくさんの人が稽古していて、よく組手も見かけますけど、昔は十人以下ですからね。僕らの場合は、道場じゃなくて親と一緒に家の中でやっているんだから。組手と言っても、型の中から取る組手。試合の組手ではなくて、自分を守る技を自分が見出す。それを生かすように、自分の身体に合う動きを作る――そういう「作る組手」。それからわかりやすく言えば、「自分が戦う組手」になるわけですね。先輩たちに言わしたら、戦って勝つのが護身術や、と。だから、護身術、護身術と言っても叩かれたんでは護身術にならない。技がなかったら護身術にならない。戦って勝ってはじめて護身術や、だから勝つように稽古せい、と言う。

――稽古はたとえばご自宅の庭とかでやっておられたんですか。

座波　庭です。あの時分は道場なんてなかったですから。

――先生はどんな方たちだったんでしょう。

座波　親や兄さんや、時たま兄の友だちなどが来て一緒にやっていた。

宇城　次郎というお兄さんがいらしたのですが、戦争で亡くなっているんですね。ものすごく強かったそうです。住んでいたのが首里の鳥堀《とりほり》というところで、近所に知花先生とかすごい先生がいっぱいおられた。沖縄自体が狭いところですから、環境としては本物がまわりにいっぱいいて、羨ましい環境だったそうです。

座波　首里というところはご承知の通り空手の本場ですけど、鳥堀町はその中でも本場中の本場でした。だから家族もそういう感じになっているから、空手をやってもめずらしいということはなかった。むしろ当然というか、当たり前だったわけです。

首里手、那覇手、泊手

――その頃にもう何流というのはあったのですか。

座波　ないんです。流派はなかった。どこの空手でもティー(手)だった。ティーで通ったんです。だからティーを、師匠の名前をつけて言うところもあった。たとえば知花のティーとか、磨文《まぶ》仁《に》のティーとかいう具合です。流派ではなくて師範の名前で。

そのかわりティーにも首里手、那覇手、泊手と三つあるわけです。首里は首里手、那覇は那覇手と名前ははっきりしとるけど、内容はほとんど同じですわ。

――いつ頃どういう理由で違いが出てきたのでしょうか。

座波　それはね、首里手の場合は「さむらい空手」なんですよね。首里城全盛の時代に唐のほうへ派遣されていくでしょう。そこで滞在している間にいろんなことやって、向こうの技も稽古してくるんですね。それでその人たちが帰ってきてその技を伝える――。そうやって有名になったのが首里手の始まり。

那覇手は、那覇は商売人の町で、福建省あたりに商売に行って、その時に稽古して帰ってきた人がやったのが那覇手。

泊手というのは首里手と那覇手とのちょうど中間になります。やや首里手に近いけど、やはりどこか違う。それで泊手という名前がついているけど、首里手によく似とる。どちらかと言うと型は荒いですね。というのは決まった師範が少ない。皆自分が勝手に稽古したから、型が荒くなるんですね。泊手では、松茂良《まつもら》先生とその配下だけですから、どうしても師範不足ですからね。それで型も技も荒くなってしまったわけです。

宇城　中国の影響をいちばん受けているのは那覇手なんでしょうね。

座波　そう、那覇手がいちばん中国の影響を受けていますね。というのは近代空手を普及した東恩納《ひがおんな》先生、宮城先生、この人たちは福建省へ直接稽古に行っておるから。だから那覇手はどちらかと言えば「唐手」なんですね。

首里手の場合は、さむらいの連中が稽古してきて、もともとあった沖縄の手（琉球手）のいいところを組み合わせて首里手とした。心道流は首里手、那覇手両方をやっているけど、サンチン、セイサン（那覇手）は、ナイファンチン、パッサイ、クーサンクー（首里手）なんかとはぜんぜん違うでしょう。

――身体のトレーニングなどは、重いものを持ったりとかされたのですか。

座波　いや、そんな予備運動のようなことはほとんどやってないです。型だけやっても体力は作れる。空手は別に力いらんのやから、力作りしたらかえって技のじゃまになる。だから力作りは必要ない。やらさなかったですよ、うちの親や兄弟も。とくに僕は小さいでしょう、力づくの稽古ばっかりしとったら、かえって身体に悪い。だから、伸び伸びとした稽古をしていましたね。

空手の実戦稽古

宇城　沖縄ではチーシーとかサーシー、砂袋とか、ああいうので稽古した人もいるんですか。

座波　あれを特別にやっているのが那覇手におる。普及当時、本が発行されても、そういう道具の名前は首里手にはほとんどなかった。時々書いてあるのが棒の使い方ね。

――武器というのも昔はずいぶん稽古されていたのですか。

座波　武器というと、棒とか鎌とかヌンチャクとか、ああいうのは今でも普及されているけど、武器を使った稽古の多くはさむらいの稽古で、一般の百姓の場合は草取るヘラがトンファーと同じ武器になる。漁師はカイを使う稽古で、それは棒と同じになる。日常使う道具を武器に代えて稽古しよった。

宇城　やっぱり棒がいちばん多かったんですか。

座波　棒はもう昔からあるんですけどね。これも流派があって、いちばん普及されているのが「津堅派」。

――とくに棒が得意な先生などはいらっしゃったわけですか。

座波　特別に稽古するんじゃなくして、空手の合間合間に棒の使い方、棒の振り方、棒の扱い方、そういうのを教えてもらっていた。基本的な型、それを教えてもらったら、あとは、棒の組手で技を覚えていく。それ専門のところもなくはないけれど、棒専門というのはめったにない。村によってはありますが、同じ管轄のところでもここは棒が盛ん、ここは手が盛んというふうに、集団的に固まってしまう。棒を稽古したい人はそこへ行って稽古する。

――空手は離れて戦う、最近は相手を掴むなとよく言われますが、沖縄に本土の相撲のようなものはあったのですか。

座波　あれはね、琉球手の頃は「組み技」と言って、今でも沖縄の相撲は土俵じゃなくして、先に四つに組んで投げ合いするんです。それを「組み技」と言いました。そういうものも空手の基本には入っているという話はありますね。

――やはり相撲のようなものはあったんですね。

座波　僕らの頃にはその名残がまだあったけれども、レスリングみたいなそういう感じ。小さい時分、よくころがし合いをやったもんです。あれには審判もなにもおらんから、押さえつけて動かんようになったり、絞めたりしたやつが勝ちというのがあった。自分らばっかりで勝負を決めていたものです。

宇城　稽古は今の空手とは違いますよ、ものすごく厳しかった。掌底打ちで指先が目に当たり怪我したりとか、突きが当たって骨折したりとか。稽古は真剣だった。

座波　今の試合はスポーツやから、当てたら反則になる。昔の組手の場合やったら、当てたって反則というのはないんです。お互いに当てないように稽古しよるけど、やっぱりたまに入る場合がある。でも稽古の時の当たりだから、別にいちいち気にはしません。だけど、知らん者同士の喧嘩だったら一発勝負です。一発で勝負を決めんことには勝敗がつかん。そういう時代があった。

今でもそういう習慣がまだ残っていて、試合で説明するより、喧嘩でたとえて話をしたほうがやりやすいし、説明がしやすいんです。そんなことで喧嘩できるか、喧嘩するんだったらこういうふうになる、こういうふうな技が出るとか言って。喧嘩を対象にして説明するといちばん話が早いです（笑）。

――先輩とかから、「ちょっとやってこい」なんていうのがあったのですか。

座波　やはり、試合というより「かけ試し」。知らぬところで、あいつ空手がうまいからひとつやってみようか、ということでね。今の試合感覚でしょうね。そうやって挑戦してくる連中もおることはおった。しかしまあ、あと一発というところで、どちらかが逃げてしまうからね、本当の勝負まではいかんけど。あまり技術的に差ができたら、逃げるに逃げられない。じーっとだまって叩かれるしかなかった（笑）。

――負けるとくやしいですね（笑）。

座波　本人は逃げたいんだけど、逃げる余裕がないんだね。

――技をいっぱい覚えても、根性がないというか、気が小さかったら、なかなかそういう時に技が出なかったりする。そのへんはどういうふうにご自分の中で身につけていかれましたか。

座波　おっしゃる通り、なんぼ技を持っていても、度胸がないと技が出ない――ということは確かなんですけど。度胸を作るのには、昔は電気がないでしょう、道を歩くと暗いところばかり。暗いところで、いろいろ自分で見出した技を一人でまずやる。それでさっき言った「かけ試し」というのがあって、誰か夜道に来るでしょう。それでやってみる。ところが、度胸のある人はそれができるけど、度胸のないやつはそれができないわけです。

それで友だち同士で組んで、つまり約束組手、今の組手みたいな約束組手で本当の戦いになるように、受け損なったらバァンとやられるというような約束組手をやる。真っ暗闇の中でやれば真剣になる。それを重ねているうちに度胸がついてくる。相手が見えるようになる。度胸がないうちは、いくら技がすぐれておっても相手が見えない。ところがそれが見えるようになってきたら、度胸が落ち着いてくる。やろうか、ちゅうて（笑）。

宇城　これが実戦の極意。相手が見える——。

座波　目というのは不思議なもんで、その人の根性も度胸も目に表われてくる。若い人たちにも、「目はあんたらの技をリードしてくれるひとつの案内役だから、目を鍛えなければいかん」とよく言うんですけどね。

そういう真剣勝負の場合でも、構えて相手の目を見てにらんだら、「あっ、勝った」とわかりますよ、その瞬間。そういう実戦みたいな勝負も一、二回やったことがありますけど、構えた瞬間わかります。そやから攻撃せんでも、相手が勝手にやめましょうということになる。

宇城　真っ暗闇で見えるというのは、電気をつけて見えるのとは全く意味が違うんですよ。

座波　それはね、真っ暗闇のところでやるというのは、人の影がぼやっとわかるんです。その影が動いとるのがわかるけど、相手の攻撃がきそうな時は風がくるみたいな感じがするんです。自分が吸い込まれるような真空状態になる感じで風がくる。その時のタイミングを掴むんです。これを逃がしたらいかん。そのタイミングに合わせて自分が先に飛び込んでいく。そういう感覚を練っていくのが実戦稽古と言う。

――そういうことがわかってくるには多少痛い思いもしないとだめなんですかね。

宇城　道場の稽古の突きの時でも、道場の中の空気がウワッと動くような突きをしないとだめだとよく言われました。空気が動かないような突きは迫力がないから、当たってもたいしたことはないということですよ。

座波　そうですね。暗闇の中でもね、風が、空気が先に動く。それをキャッチできるようにならんといかんのや。空手もその通りで、拳が出ないうちに風が先にくる。ああいうのは、昔、武術で稽古したからね。だから、そういう感覚も生まれてきたと思うんですけど、今はスポーツだから、そういう必要ないから、そういう研究をする人もおらん。わざわざ暗闇に行って稽古する人もおらん――。

――その頃というのは、今はかかと落としだとか回し蹴りだとかバラエティーに富んでいますが、昔は蹴りなどは前蹴りしかなかったようなことを言う先生もいらっしゃるんですが、そのへんはいかがでしょうか。

座波　おっしゃる通り、空手の型の中に回し蹴りはないんです。回し蹴りはないけど、横から蹴ってくる。わかりやすく言えば、足は回っているから回し蹴りと言ってもいいやろうけど、足を上げずにそこから蹴っていく、そういう足の使い方はあったんですが、それを回し蹴りとは言わんかった。

――前蹴りを少し変化させた応用蹴りのようなものはあったと。

宇城　パッサイの中にもありますよね。

座波　足の裏を使う。足の裏のかかとを使って蹴る――そういう稽古。型にあります。

宇城　足刀で蹴ったりする技もありますね。

座波　足を真横に伸ばして、相手の股関節から下を狙う。セイサンの中にありますね。足刀は股関節から上はきかん、当たっても。自分の股関節より高く上がると蹴りがきかん。足刀蹴り、あるいは横蹴りというのは股関節より下の急所を狙っていく。

宇城　上段回し蹴りというのがあるでしょう。あれはパワーでやっているからできるんですよ。先生のは理に適っていることをやっているから、身体の構造からくる無理のない蹴りなんです。上段回し蹴りというのは、やると股が痛い。だから柔軟をする。上に高く足を上げるというのは、どだい無理がある、それをパーンとすかされたりすると、もう致命的ですよね。蹴りというのは、それだけ不安定になるから足をすくわれたりしやすい。さらに自分の腰より上を蹴るということは、もっと身体が不安定になることであり、逆に危険でもある。

――顔を蹴ったりするようなことはもうほとんどなかったんですか。

座波　上段攻撃は拳だけ。現在の型でも中段より下しか蹴らん。いきなり顔面を蹴ったりするのは型にはないんです。

――だんだん、派手になっていきますよね。

宇城　それはルールがあるから、決められているから、そういうことができる。実際そういうことをやったらたいへんですよ。

座波　上段蹴りをする場合は、飛び蹴りとか二段蹴りとか、ああいうのを使いますが、片一方の足だけではやらんです。というのは片一方の足だけだと、股関節よりもっと上に足が上がるでしょう。必ず身体が浮いてしまう。ポッとはねられるとすぐひっくり返されます。だから上段蹴りはしない。する場合は二段蹴り。限定された使い方になりますね。

工夫して自分の技を作る

――先生はとくに技の稽古で工夫されたものはありますか。

座波　僕の場合は、身体も小さいし力もないから、ほとんど工夫です。工夫でも自分勝手な工夫でなくして、先輩たちから教えられた型・技、それをひとつの土台・基本にして、自分なりの基本を作って自分の技を編み出す。ほとんど僕の技は自分で編み出したものです。基本的には先輩たちがやっているのを応用しとるということですけどね。

　今でもこの人たちに「型を形に変えよ」とよく言うんです。先輩たちから型の基本を教えてもらう。それを形に変えて自分の技を作る。見た感じは同じだけど、型が形に変わってきておる。それを目指せと。

宇城　型というのは「鋳型」ですよ、何回やっても同じ。そこから自分なりの工夫を入れて形にしていく。そこから技なり変化応用が生まれるんです。

座波　これは空手の技だけでなくして、すべて人間が動いとることは、基本を形に変えんことには動かれん。僕はとくに空手をやっとるもんだから、空手にたとえて話をするんだけど、人間誰でも基本を形に変えて生活しとる。でないと生活できない。空手の場合でも型を形に変えんと、自分の技は生まれてこないです。

――やはり自分なりにどんどん工夫しないとうまくはならない――。

座波　現在の言葉で言えば、皆「研究」と言っていますが、研究というのは僕らはあまりピンとこない。自分で工夫して自分の技を作る。そうすれば自分が納得する。自分の言う言葉も納得するし、自分がやってきたことも納得できる。「研究」という言葉は遠い親戚のような感じで、あまり実感がわかない気がするんです。

――やはり教わる時に、先輩とかお兄さんにいろいろ聞いたりはされたのですか。

座波　それは時折、質問して教えてもらうことはありましたけど、その教えてもらった型を自分が形に変えて、また自分の技として稽古する、そういう段階的な稽古はよくあったんです。だから申し上げた通り「工夫した」ということですね。

――工夫するのはどういう時ですか、寝ても醒めても考えていたとか。

座波　あのね、僕の場合は空手天才かなんか知らんけど（笑）、人がやっているのをいっぺん見たらね、実感にピタリとくるんです。それを家へ帰ってやってみて、ここは僕の力と合わん、ここは僕の力と合う、そういう分析が早いんです。自分の力と合うやつをとって、それを稽古の材料としてやるだけ。そういう計算は早かったんです。

昔の先輩たちに言わせれば「バカの一つ覚え」ですが（笑）、そのバカがよかったわけなんです。

――空手以外に何か身体を動かすようなことはされたんでしょうか。

座波　スポーツはどういうものでも一通りはみんなやっています。身体は小さいけど、陸上でもあまり負けたことはない。高飛びでも身体が小さいから大きい人のようには飛べませんが、自分の身体に合うような高さは稽古しておりました。

――ほかの運動をやったことが空手にプラスになったとかということはありますか。

座波　それは知らず知らずのうちに空手にも影響しているんです。今言った高飛びの稽古というのも、無理に飛ぶんじゃなくて自分の飛べる高さをいつも稽古しとる。だから、かりに高いところから飛び降りる時なんか、着地の体勢が自然とできましたね。そういう点はスポーツもプラスになっていますね。スポーツと空手が一体になって稽古をすればね、非常に効果的であるし、楽にもできる。

　先輩たちの話を盗み聞きしたものですが、仮にこう、負けて逃げるでしょう。逃げる時追われる。でもその時にいっぺんにずーんと相手を離したらいかんと言うんだね。いったん離しといて、徐々に追い詰められる。追い詰められて、もう少しで手が届くというところでまたバーッと走る。そういうのを繰り返し、繰り返ししていて、三回やったら絶対ついてこない、と（笑）。二回目まではついてくるけど、三回目はついてこない、と。そういう話を聞いているもんだから、そういう稽古をやってみたりね。とにかく先輩たちから聞いた話を無駄にしない。

――やはり逃げ方も工夫しないとだめなんですね（笑）。

宇城　先ほど暗闇の中での話がありましたが、月が出ているのと出ていないのとどっちがやりやすいんですか。

座波　月が出ているとやりにくい。と言うのは、自分の影と相手の影とがごっちゃになってくる。とくに昔の沖縄あたりは、一五日の満月の時は新聞も読めるくらい明るかったから、影がはっきり映る。自分の影と相手の影を混同してしまうんです。これはかえってやりにくい。喧嘩というのはあまりしたことないけど、やるんやったら真っ暗闇のほうがやりやすい。相手が動いたら、風が動くからわかるんです。

指導は一人ひとり真剣に

――先生はいつ頃から、一生空手をやっていこうと思われたのですか。

座波　僕は今でもそういうのは思っていませんけどね（笑）。ただ、昔も今も自分が空手を好きでずっとやってきたというだけ。誰それに教えたろうという気持ちもなかった。そういう気はいまだに出てこない。そのかわり、やり出した以上は自分よりすぐれた弟子を作らにゃいかんと。そういう気持ちはありました。おかげさんで僕よりすぐれた連中が育ってくれましたから、自分の責任を果たしたような感じです。

――ご自分で練習されるのとお弟子さんに教えるのと、また違う難しさがあると思うんですが。

座波　自分が自分なりに稽古しとる時と、子弟たちを指導するのは違います。自分が自分を稽古する時は責任はあまり感じない。しかし門弟たちを教える時は、一人ひとりの動きにも気を遣うし責任を感ずる。そういったことはよその先生も同じかもしれんし、そういう考えのない先生はおるかもしれんけど、僕の場合は一人の弟子でも真剣に見るんです。

そういう意味では、自分が稽古するよりかえってしんどいんです。とくに審査会なんかは座って見とるだけやけど、しんどいんです。というのは、そのしんどさは身体のしんどさではなくて精神的な疲れですね。

——なんでわかってくれないのかな、なんていう思いというのはありましたか。

座波　ありますね、やっぱり（笑）。僕はあんなこと教えたはずないのになと、自分が自分を責める場合があるんですね。自分よりうまいなという感じで見た時は非常に爽快な気持ちになる。教えるということは、自ずから責任を感じないといい後継者を作れない。

僕の場合は最初に教えた時から後継者を作るために指導しているから、何年経ってもあまり伸びない人がおると、その人に直接「あーだこーだ」と言うよりは、自分が苦しくなる。何年も同じことをやっているのに、一つも伸びないと、自分が伸びないような気になってくる。お陰さんで、うちの会員の連中もだんだんとうまくなってきているんで、喜んでいるんですけどね。

——先生が稽古されている時はご自分に合った工夫をされていたわけですが、指導されている時も一人ひとり違うわけですか。

座波　教えることは皆同じように教えているけど、見る目が一人ひとり違うんです。というのはその人の性格に合っているかどうか、まず先に見なければいけない。性格に合わないことを何年やらせたって上手にならない。そういう人にはその人に合うような型——それをまず基本だけでも教える。すると違うんですね。教える方法にもいろいろある。ただ指導方法と言っても一概にいかんです。百人おったら、百人違うんです。しかし、全体的な研修みたいな稽古やったら、平均でいっとればそれで成功やとも言える。そこで一人ひとり見たところで時間がない。全体的にばーっと見て、全体的に上達していないところを指摘するだけ。それが研修であって、ふつうの指導であるわけですね。

だけど、家で教える時は一人ひとりの欠点を指摘する。だから僕は手が届かない人数は集めないです。僕自身は月曜から土曜まで一週間毎日やっていますけど、稽古に来る人は一週間に一回や。それだけ人数を減らして個人指導のようにしてやっとるから、全部目が届くんです。

――現在、先生ご自身の稽古はどんなことをされていますか。

座波　僕はみんなと稽古する時は教えているつもりでやっとるんじゃない。みんなと一緒に稽古しとると思ってます。

ほかの先生はどうか知らんけども、僕の空手には秘密というのがないんです。初心者から高段者まで同じ型、同じ説明をする。その説明にわかりにくいところがあったら聞きなさい。ただし、理屈質問は僕は受けませんよと。よく理屈をつけて質問する人がおるんですよ。空手には理屈はいりませんから、理屈抜きにして質問してくださいと言っています。

宇城　理屈で質問する人は伸びていかないですね。こうですか、あーですかじゃなくて、先生がやる通りにやったらいいんですね。そして自分で確認する。教える時でも先生は理屈で教えたらいかんとよく言われました。よく初心者のために型を変えて指導する人がいる、やさしくするために。やりにくいところをやりやすくするために型を変えてはだめなんです。これも先生からよく言われたことです。

――それは、もとのものに大事な意味があるからで、変えたら違うものになってしまいますよね。

宇城　上達するためと言って基本を変える人がいる。武道の世界だけでなく音楽でもほかの世界でもありますよね。それをやってしまうと方向が変わってしまうんです。先生は昔から型は絶対に変えたらだめだと。

――難しくても、それをクリアしていかないとだめなんですよね。よく基本はやさしいものという考えがありますが、それはおかしい。基本は文字通り基本ということですよね。

宇城　そういうことがわかってくる。最初にそれをやり過ぎるから、本質的なことができないんじゃないかと思いますね。

座波　初心者が入会した当時にはっきり言っておくのですが、あなたは空手を知らないから来ている。だから、稽古に来たら覚えなさい。覚えたら真似しなさい。真似するようになったら空手というものの内容がわかってくる、と。だから習うのなら覚えなきゃいかん。覚えたら真似しなきゃいかんと初心者のうちに言う。

　そういう初心者には空手の論語じゃないけど、空手は一に眼、二に姿勢、三に瞬発力、この三つがそろわんことには空手にならんと言っています。空手の絶対条件というのはこの三つを活躍させる工夫をしなきゃいかんわけです。それが僕の空手の常訓ですわ。初歩のうちに、ほかのことを考える余裕のないうちにそういうことを言うといて、それを基準にして稽古をさす。

覚えたら、真似しようと思ってみんな一生懸命ですよ。真似できるようになるまでがまたまた長い（笑）。覚えるのは早いけど、真似できるようになるまで時間がかかる。

宇城　先生がよく言われます。「できたら簡単」と（笑）。

座波　そうですよ（笑）。こんな簡単な武道はないですよ。簡単なやつをみんな一生懸命やっとるのによう覚えんなぁと。そういう感じの時もありますけど（笑）。空手の型を覚えるのは簡単だけど、空手の技を覚えるのは、何年かかるか保証できない、死ぬまでやっても覚えない人もいる。型というのは、二時間、三時間で覚えますよ。

スポーツ空手の場合は組手を主にやっていますが、僕は組手をやりません。そのかわり、型の基本分解を繰り返しやらせといて、その中に自分がパッと考えた技に似たようなものがあったら、それを折り込んでいく。それがその人の技になる。一応は基本通りの組手の中に、そういう自分の技を折り込んで稽古しなさいということです。

――現在みたいな寸止めの試合だと、技自体よりいかに突き蹴りでポイントを取るかになっていますが。

座波　今の試合では、その人の技というのは出ないですよ。スポーツだもんだから、ルールでしばられるので、特徴のある技というのが作れないわけです。たとえば組手になって、入り込んでバンとやって技をかけようとしても、審判がきて技ありになってしまう。これじゃ技は出ない。空手の術というのはそこからがほんまの技なんですからね。それを止められてしまったら、空手に技はない――。

宇城　ポイント性のいちばん悪いところですよね。ポンとやったら技ありになる。技じゃないのに（笑）。剣道でも同じですよね。実戦とはほど遠いんですよね。これはルールがある以上やむを得ないかもしれませんが、技を作り上げる、技を残すという意味では、何か方法を考えなければいけないと思います。もう少し実戦に近い組手試合が必要だと思います。

――いろいろ技術書が出ていますが、究極的には「空手はこうだよ」だけでもう終わってしまう。本当にわかっている人、できる人には、もうこうだよ――だけになってしまう。

宇城　本や写真、ビデオとかはできる人から見ると、その内容レベルも含めてすべてわかる。そういう意味では、経験者には参考になりますが、初心者には難しい点があります。

つまり、自転車の乗り方の本を読んで一生懸命努力しても、ほとんど効果がないのと同じですよね。すでに乗れている人からすると、その本は内容のレベルも含めて参考になると思いますが。初心者向けの本がないのは、そういうことだと思います。

究極の実戦に使えることを目的とした、体系化され、かつ理論、組手、検証工夫のフィードバックシステムの内容を持っていること、そしてその原点には型があるということです。型はいかなるフィードバックにも耐え得る源泉だからです。そういう本が初心者には必要だと思います。

――今、武道をやる人の中では、自分のやっていることを秘密にしている人がいますが。

座波　空手にもそういう先生たちは多いでしょう。でもそういう臆病な先生たちでは誰と喧嘩しても勝てないですよ。僕らどんな有名な先生がいようとも、自分の型を堂々とやります。だから喧嘩しても負けたことないです（笑）。それも一つの度胸作りですからね。

――すぐ真似されて、自分より相手のほうがうまかったりというレベルであればしょうがない。

座波　自分の型、自分の技が盗まれるということは、その人の技がまだ熟達していないからなんです。上達した人の技は絶対盗めないです。

宇城　悪いところは真似できるけど、いいところは真似できないと。一朝一夕ではできないものがある。時間かけたらわかるかと言っても、それでもできない人もいる。自転車に乗れてから上達が始まるわけですから。乗る前は上達も何もない。まず乗れるというのが先なんです。乗ってからの練習ですから。それに気づいて真似ようとすると、今度はそこにいくまでに時間がいるんです。つまり、気づくのは気づくんです。気づかない人には何回説明してもわからない。そこに大きな差というものがありますね。

――そのギャップをどのように埋めていくかの工夫をしていかないと、いつまでたっても本物にはなれないですね。

宇城　言葉というのは、身近にいてある程度日常の行動を一緒にしているから意味がわかってくるんですよ。ふつうと違うところがね。見えないところが見えてきて、言葉の真の意味がわかるようになる。

――先生が説明される中身、真意が掴めたらおもしろくなるんですね。わからないと表面上は似てるけど、ただそれで終わってしまう……。

宇城　そうですね。先生はよく言われるのですが、型に隠れた部分を探しなさいと。表面の型は誰にでもできるが、隠れた部分が見えるようにならなければいけないと。表面上の言葉ではわかるんですが、内容がわからない。ところが、そういうことがわかってくるようになる。

――たとえば座波先生の「かけ手」が一つわかるようになれば、ああ、ほかの技もそういうことなのか、とわかるようになる。

座波　そういうのを応用したらたくさんの技が出てきますよ。わずかこれだけの型からでも、応用したらいろんな技が出てきますよ。握る場合も僕の場合は違う。これだけしか握らない（ふわっと握っている）。ぎゅっと握るとはずれるが、これだとはずれない。ここ（手の内）に空間があるからね、そこに力がたまっとる。だからはずれない。まあ、並みの武道からすれば、奥義なんです。奥義は教えたって真似できない。形はできる。形は真似できるけど、締め方がわからん。動くたんびに締まっていく。ロックがかかる。

なぜ真似ができるけど締まらんかということは、結局技と自分の力と一緒に考えるから。力はここにおいといて、技を先に持っていかないから。

この技のコツは、手首のどこに急所があるかを先に知らねばならない。手首の急所は手首の曲がる部分の関節の付け根ですからね。ぎゅっと握っても急所を握っていないから相手は自由に動けるわけです。しかし、こうやったら急所を握られているから逃げられない。急所をパッと握れるような人やったら、いろんなところの急所を知っとる。猫も首根っこ掴まれると動かれん、人間も一緒や。急所を握られたら動かれん。投げ技がうまいとか取り技がうまいとかいう人は急所をよく知っとる人。投げ技でも急所をパッとおさえていれば、勝手に相手が倒れる。それを握ってもたもたするから、力勝負になってしまう。

宇城　急所を教えるでしょう。ここだよとマジックでしるした所を握っても、先生のようには締められないんです。そこにはまた感触というのがある。それをあくまでも自分で探り出していかないとだめなんです。そのために、先生の一触が必要なんです。その感触はずっと覚えている。「あっ！　この感触だ」と感じる日がくる。

――専門の武道でも、そういうところをいい加減というか曖昧にやっている傾向がありますよね。

宇城　先生はオープンなんですよ。しかも懇切丁寧に教える。ところが結局できないんですね、先生はみんなができると思っておられますけど（笑）。

座波　たとえば合気道でも、明治時代は柔《やわら》の一種で、相手の急所を掴むのがうまかった。最近の合気道は力で勝負しよる。本当の合気道の技が出ていない。力勝負をやっとる。昔の明治時代の流れの技は、柔と同じような技をやった。今、合気道をやっとるのを見ても、投げ技はあるけど急所を捉えるのはほとんど見たことがない。合気道の急所取りあるかなと見とったけど、なくなっとる。投げ技はあるけど、投げられる人が勝手にころんでおるような印象を受けます。

宇城　合気道系の人がけっこう来るのですが、攻撃する側にかなり問題がありますね。攻撃が威力になっていない感じですね。だから、防御も甘く、甘い投げになる。

座波　僕らの投げ技、空手の投げ技は投げっぱなしはしない、最後まで手を握っておる。でないと投げられた瞬間、相手が空手家だと蹴りをくらう。

心と技が一体となった心道流

――先生、心道流という名前の由来についてお聞きします。

座波　いたって簡単な発想なんです。世の中のどこに強いやつがおるかわからん。人と接しても、常におだやかな気持ちで接することができるように修業しなさい、ということで「人の心」という言葉にかえて、「心の道」というふうに作ったわけなんです。心で勝負する――。武士は技で勝負するんじゃなくて、心で勝負する。そういうことをよく聞かされたものですから、心というのを大事にするために「心の道」――「心道流」というように決めたわけです。

それから、僕は「自然」という言葉をよく使うんですが、自然というのは欲も得もない態勢。相手に逆らわない、そういう自然の態勢。そういう気持ちでこの言葉をよく使うのですけど、違う言い方をすると「他尊自信」という表現になります。

さらにもう一つ言うと、「型は美しく、技は心で」。そういう論語みたいで論語でないような、そういう言葉をよく使う。結局技というのは、心と動きが一体にならんと出ない。技は日常の行動から出る。日常の行動は真面目に正直に生活しとけば、その通り真面目な型ができる。技が出てくる。というところから「技は心で」。

「型は美しく」というのは、なんぼ自分を憎んでいる敵でも、自分の型を見たら「ああ、あの人の型には隙がない。挑戦しようと思ったけど、やめたよ」と。そういうふうに環境を作り変えることができる。

さらに、型をやる時は人の心を惹きつけるような美しい気持ちで型をやる。そうすると、自分の型が、自分でも美しいという気持ちが出てくるんです。美しくするように努力する。それがいつのまにか美しくなる。そういう日常の気持ちを持っておれば、自然にそれが表われてくる。型は美しく、技は心で。それを自分の日常生活から他人の生活までも総合的に結びつけたのが「他尊自信」という言葉です。

宇城　生きる上での実践哲学ですね。

――八六歳までやって、まだ現役バリバリでやっていらっしゃる。べつに先生は意識されてはいないと思いますが、その秘訣というのはあるのでしょうか。

宇城　秘訣はない、というのが先生の口癖です（笑）。身についているからでしょうね、当たり前のこととして。年を取ってやれるということは、自然体でなければ決してできるものではないと思います。

よく、そんなに力んでやっていたら年を取ったらできないぞと言われたものです。

――食べ物に気をつけているとか、ありますか。

座波　とくに注意していることはありません。たとえば、食べ物。レストランや会合に行って出てくるものは一味ずつ必ず味見する。それで、僕の口に合うなと思ったら食べる。合わなければ食べない。しかし、あれは嫌いだから食べないというのはない。そういう好き嫌いではない。僕には嫌いという言葉はない。

宇城　ものすごく自然体なんですよ。さっき先生が「型は美しく」と言いましたが、つまり、裏を返せば、「型は作るな」ということです。よく見せるために作るな、と。審査の時でも普段の稽古の姿でやりなさいといつも言われていますね。

それと「きれい」と「美しい」は違うとも言われています。きれいは作ったきれいさで、美しいは本来の自然の美しさ。盆栽の松と、海岸の岸壁に生えた松との違いみたいなものですね。

そういえば先生、タバコをやめられましたけど。

座波　三年になりますかね。

——健康のためですか？

座波　そうじゃありません。僕の八五歳の誕生日の時、孫や子供のタバコをなんとかやめさせんと、ということで（笑）。自分からやめなきゃ指導能力が疑われるんじゃないかと翌日からスパッとやめました。タバコをやめたとも言わずに。タバコがなかなかやめられないという話をよく聞きますけど、私は簡単でした。タバコやめる、それで終わり。その時点からもう吸わなくなりました。

宇城　先生は八四歳頃まで、練習の合間でもものすごく吸われた。タバコは健康のためによくないですよと言うと、いや「タバコは健康のためによい」と。先生、それだけは間違っていますよと、よく言ったものです（笑）。

——先生はお酒で失敗したことは？

座波　絶対失敗しませんと言うと嘘でしょうな。やっぱり酒は魔物で、飲み過ぎて失敗したことはあります。でも人に迷惑をかけるようなことはありません。飲んだから喧嘩をしたとか道に外れたことはしたことはありません。酔っ払って何でもないことをやりだす、そういう失敗はありますが、人をさわがすような喧嘩とかはやったことはありません。

――宇城先生も飲んで失敗したことはあるんですか？

宇城　僕の場合は酒を飲んでない時にあります（笑）。酒飲んだらおとなしいですよ。

座波　しかし男は喧嘩してやろうかと思う時が華ですね。あほらしくて喧嘩やれるかということになったら、年いっとる。若いうちはやるんやったら、やらにゃいかん。しかし噂を残すような喧嘩はしないほうがよい。相手にも家族がいる、自分にも家族がいる。失敗して相手をつぶして相手の家族に怨まれてもね。

――長い間武道に関わってこられて、今の空手の世界とか他の武術、武道の世界をどう思われますか？

座波　やっぱり普及力においては今のやり方でも効果ありますけど、歴史的に残る型とか技とかという話になると、あんまり感心しません。時代だからしかたがないけど、今はスポーツの時代。日本の剣道でもスポーツになっている。柔道もスポーツ、空手もスポーツ。スポーツの時代はスポーツになった以上、ルールがある。ルールに従ってやらなきゃいけないからやむを得ない――。

昔の武道の時代はルールがない。研究も稽古も派手にできた。今の時代の武道は、僕に言わせれば武道じゃなくてスポーツ。スポーツだから武道という名前をつけるのは無理だという気がします。だからと言ってみんなそれを武道、武道と言うから、否定するわけにはいきませんが、スポーツと言ったほうが説明しやすい。

――そういうなかで心道流としては、これからどういう方向に進まれるおつもりですか。

座波　少なくとも僕の代はやはり古典を守りたい。そのためには、ついてきてくれる人には武道として指導しています。

僕の時代はそれでいけると思うんだけれど、次の代だとやっぱり時代に負けてスポーツに転向するかもしれません。やむを得ないんじゃないですか。時代がそういうふうになっていけばね。時代に逆らったら取り残されてしまう。僕は古典しか知らんと言ったら、相手にしてくれなくなってしまう。時代がスポーツならスポーツになっていけば、どこでも活動できるけど、古典武道だからと言ってがんばっていたら誰も相手にしてくれない。やっぱり時代には負けると思います。

――そういう時代の中で、宇城先生は座波先生のもとで長い付き合いが続いて、先生のお気持ちを理解してやってこられたと思います。先生と出会って二七年、大学からだと三二、三年やっているわけですよね。

座波　大学の時は、宇城君の場合はスポーツの感じで空手の稽古をしていた。卒業して大阪に来ても四、五年ぐらいはスポーツ気分でした。自分で弟子を持って現在みたいに稽古しだして、はじめて武道の良さというのがわかって武道に転換した。彼がそれまでずっと持ってきたそういうスポーツの感じを武道に切り換えた。そういうことは心道流の精神に合ってきたと高く評価しています。

宇城　それは先生のすごさがわかってきたから、武道に切り替えられたと思うんですね。最初は、大学はスポーツ空手でしたから、僕も当然のようにスポーツ空手です。大阪へ出てきて当時世界チャンピオンのいる道場で一時糸東流をやりました。また、松濤館流、日本空手協会とも交流があり、その時の親友が現在、全米のインストラクターをやっていますが、その時期は先生のところとスポーツ空手の間を行ったり来たりしていましたよね。

そのうち、「突き」とかが全く次元が違うというのがわかってきて、それからどんどん武道のほうに傾いてきて、やがて武道一本になりましたね。それからもやっぱり時間がかかりました（笑）。スポーツの癖をとるのにたいへんでしたからね。言葉ではわかるんですが、身体がなかなか真似できない。

――昔はスポーツがなかったから武術的な身体をはじめから鍛錬していけばよかった。へんにスポーツをやって体操的な身体になっているから、逆に足を引っ張ってしまうんでしょうね。

宇城　結局ね、スポーツは力でやるでしょう。どうしても力の癖がつく。力の癖はなかなか抜けないんです。力に頼ってしまう。柔道にしろ、相撲でもそうでしょう。腕力にまかせるから技が出てこないんですよね。いい例が投げにしても足をかけて投げる、強引なんですよね。先生が言う、触れたら倒せる――そういうのが今でこそできるようになりましたけど、もしスポーツ空手の延長だったらできませんでしたね。武術空手は力がいらないですから、年取ってもできます。昔より今のほうがはるかに技が伸びていますね。

座波　空手の投げの場合は力で投げるんじゃなくして、技で投げるのもあるんだけれど、だいたいの空手の投げの基本は相手を硬くさせること、瞬間的にグッと硬くなる。それを投げる。そこのやり方は忍術みたいな感じで、傍で見ておってもわかりにくい。だから技をかけるのもわからない。忍者がドロンと隠れるでしょう、あれと同じで、技をかけるのが傍で見えないような気がする。そういうのが空手の投げ技の基本であって、絶対条件。相手を硬くさせる。相手に技をかけた瞬間、相手は棒みたいにまっすぐになる、いわばその術をかける。「術」なんですね、技と言うより。

——それは具体的にどういう時にどういうふうに。

座波　組打ちなんかあるでしょう、前で接近してパンッと組んでしまう。その時、瞬間的に投げ技をかける。それを柔道みたいに掴み合いしてからだったら力勝負になる。パッと組打ちになったその瞬間、相手が動かないように硬くしてしまって投げる。

——その硬くするやり方は（笑）。

座波　あのね、空手は言葉で説明のできない技がある。言葉で形容できない。実際にやってみないと納得いかないわけです。

——さっきかけ手をやりましたよね、あの時、たとえば僕が突いたとしたら、受けられてしかも逆もかけられたような状態になりましたよね、固定されたような。ああいう状態のことですね。

座波　そうそう、ああいうふうにかけられたら硬くなるんです。その硬くなったところを投げてしまうわけです。

宇城　結局ね、自転車に乗っていてこけるでしょう。あのこける時、みな、棒みたいになるでしょう。こけまいとしてよけい硬くなる。ますます勝手に中心が崩れていくわけですね。硬くして中心をずらしてやる。それが投げですよね。硬くするのは瞬時的でないといけないのですが、先生はその瞬間を「パンッ」と表現されます。

——柔道の場合、押し合いしながらかついでしまうところがありますね。あれはどうしても力になってしまいますよね。

座波　柔道は六〇パーセントが力ですね。空手は八〇パーセントが技、二〇パーセントが力。だから技のほうが多い。さっき言った相手を硬くする——それも技ですからね。その技にさらに技をかける。柔道の場合は力で身体を崩しておいて、力で投げる。

——今、ほとんどの人が空手でも、受けたら力でバアーッとはじいてしまって相手も硬くなるんですけど、自分も硬くなってるという。

宇城　相手は硬くなる。だけど自分も硬くなったらだめですね（笑）。

——自分は柔らかく。そうすれば、すぐそのあといくらでも投げられますものね。そういうレベルの人はなかなかいないですね。

宇城　相手を硬くするという先生の言葉の意味——いろんな違う状態があり得るわけですよね。でも、ずうっと長く先生とおつき合いさせてもらっているので、先生の言う「硬く」という意味がわかってくるんです。「ああ、こういうことを先生は硬くすると言うんだな」と。そこが肝心なんですね。

——さっきのかけ手の状態で折られようが投げられようが、もうあとはおまけみたいなものですよね。あれが座波先生が言うところの硬くするということで、体験するとよくわかります。

武道界を変えていく力を秘めて

――八年前に取材させていただいた時に「技術的にはかなりのレベルだが、まだ若いから日常の人間関係を武術的に解釈するまでにいってないなあ」というお話をいただいたわけですが、八年前の宇城先生と今の先生とどう変わったと思われますか。

座波　あの時分と今とまた心境も変わっていますが、やはりあの当時にはね、技もよく覚えてよく上達もしたけれども、人間関係にはちょっと甘いところがあるなという感じはありました。が、最近はやっぱり一人前の青年になってますわ。一緒に付き合って話をする態度からでも、自分に言いきかすような言葉で相手に話している。だいぶ技というよりは人間関係で成長している。そういうところは、ほんまのこう、武士道精神に近づいてきたということですね。というのは人間関係に対して欲がなくなった。それが武道のいちばん大事なところ。しかし五、六年前まではまだ自分の技を自分で疑っていた。そういう未熟なところもあった。ところが最近は心に隙が見られないです。

――まさに「心道」というわけですね。

宇城　いやあ、まだまだですよ（笑）。僕がいちばん感じていることは、やっぱり本物はすごいということ。ぼやっとしとったらあかんという思いがどんどんどんどん強くなるんですね。先生の教えにもっと応えないといけない。自分の稽古に真剣さが出てくる。そして弟子に対しても真剣になってくる。それがどんどん強くなってくる。先生から教わったのはちょうど先生が五十代後半でしたが、その時からの先生の姿を見てますから、少しでも近づいていきたいと思いますね。

――宇城先生が「発信していく力」ということをおっしゃっているんですが、宇城先生は本当に今、アンテナを立てて発信している、そういうイメージです。武道がどんどんスポーツ化されるなか、宇城先生はスポーツ空手から武道に戻り、実際にできることのすごさ、素晴らしさを示された。座波先生という発信源が本物だからですね。

座波　僕がいちばん嬉しいことは、九州連盟に四回くらい行くけど、福岡で研修しても宮崎をはじめ他府県の連中が来る。宮崎で研修しても福岡をはじめ他府県の連中が来る。そういうように距離の問題でなくして、人間の問題。人間関係が近しいからそうしてお互いに行ったり来たりできる。もしその会員の人たちが座波先生なんて頼ったってしょうがないと思ったら、わざわざ福岡から宮崎まで来る必要がない。宮崎まで福岡から来る人もおらん。それは会員の人たちが信頼してくれとるからああしてみんな集まってくれている。そういうところが僕のいちばん嬉しいところであるし、また、誇りとするところです。

弟子とか師匠とか、そういう上下の開きがない。みな友だちみたいな話し合い。それが心道流の特徴でないかと思うんですね。よそへ行ったら先生と弟子は言葉が違う。うちはどこに行ってもみな一緒。僕が弟子にひやかされるのはしょっちゅうだし（笑）。

宇城　技のすごさがあるからですね。信頼、尊敬しきっていますからね。だから逆に安心して近づける。全部見せてもらっても無限ですから、いくら取っても取りきれない。本物のすごさだと思います。

座波　僕が自信もって指導できるというのも宇城君というような、うまい連中がついてきてくれるからやれる。その人たちが僕をほっとけと言ったら、誰もついてきよらんでしょう。それに感謝するところですね。よその道場とうちの組織が技の稽古においてはそう変わらんと思いますが、その師弟間の人間関係、それはもうはるかによそよりすぐれとると思うんです。それを自分で自慢するわけにいかんけど、こういうところはうぬぼれてもいいんやないかと思います。

　空手の問題にしても、僕が言わんとするところをこの人がみな理解しておる。僕が言わんうちにわかっておる。だから僕もやりやすい。向こうも言わんでもわかっとるからやりやすい。そういう心のつながり、これを非常にお互いに大事にしているから、空手の技もその通り反映していく。

　空手の型、あるいは技、その中に師弟関係、人間関係の円《まる》さが出てくる。空手の型には実際に気持ちが表われますから、あれの型は硬い、円いとか言われる。僕らその人の型を見て、これはどっか悩み事を持っとるなと判断できる。そういう人の気持ちがはっきり出てくるから、空手の型というのは大事なもんだということです。嬉しい時も悲しい時も型にはっきり出てくる。これは占い師の占いよりも的確です。

宇城　よく昔ありましたよ。「宇城君、仕事どう？」と。もう型を見ただけで先生はわかるんですね。逆にもう見透かされているわけですから、正直にならざるを得ない。先生の空手というのはそういう感じ。ただ空手で強くなるというようなものではなく、自分に対して強くなるということがものすごくよくわかる。だから続けていられるんだと思います。ただ技の強さだけでは、途中で挫折したかもしれないし、一生続けられたかどうかはわかりません。

――人に威圧感を与えるような強さだったら、やっていてもしょうがないですからね。やはり人が寄ってくるような強さ、そういう魅力のある強さ。宇城先生はちゃんとそれを継いでおられるから。

宇城　いえいえ、これから修業ですよ。

座波　僕は稽古したあと座談会するでしょう。その時は、その人たちの家族を話の対象にして座談会をする。護身術の一番の条件は「家族を守ること」です。家族を守らんかったら、自分一人生きとっても幸福ではない。家族を守り、自分を守る。喧嘩で守るんじゃなくて、社会的な行動で自分を守り、家族を守る。それが護身術です。

一般的に護身術と言ったらね、喧嘩して勝つのが護身術やと感じとるけど、それはひとつの余分な話。本当の護身術というのは戦わずに勝つ。自分の行動によって家族を守る、それが本物です。

――生き方にまでつながるような、そういう稽古をしていかないとだめなんですね。

宇城　さらなる信念をもって座波空手に一歩でも近づけるよう、また、若い人たちに引き継いでいけるよう努力したいと思っています。

――おおいに期待してわれわれも見守りたいと思います。ありがとうございました。

第二章

他尊自信

――座波仁吉・宇城憲治――　座談録

― 座談 ―

座波仁吉　八七歳
宇城憲治　五二歳

（取　材）二〇〇一年八月、十月
座波宗家ご自宅にて
（聞き手）編集部

座波師範の空手

技が前に出る

——座波先生の修業時代についてお伺いする前に、まず先生の師匠にあたる方々のお話をお伺いしたいと思います。先生は、知花朝信《ちばなあさのぶ》先生について稽古されたことはございますか。

座波　兄の次郎が知花道場に行っておりました関係で、見学に行ったことはありますが、知花先生とも向こうの道場のお弟子さんとも年齢が違いすぎて、直接お話を伺ったりいろいろな体験話を聞くとかは、子供すぎてできませんでした。私が小学校五、六年くらいでしょうか。

宇城　先生と知花先生は三一歳違いです。先生が小学校の時であったら、知花先生は四一、二歳ということになりますよね。知花先生の家は同じ鳥堀《とりほり》（沖縄県首里市）ですか。

座波　そうです。しかし鳥堀でも、丁目が離れているので、めったに会うことはありませんでした。知花先生の家は今はありませんが。

——会われた時の知花先生の印象は。

座波　小太りで口数は少なかった。おとなしそうな、つきあいやすいような感じでした。

——お兄様はその頃おいくつくらいだったのですか。

座波　二十歳くらいだったと思います。私はこの兄が兵隊に入隊中、兄とよい友達だった多和《たわ》田眞平《だしんぺい》という先生に二年ほどあずけられて師事したことがあるのです。多和田先生も知花先生も型の構成がよく似ていたから、習ってしまったら同じような感じになりました。

――多和田先生と知花先生は同じ先生についたのですか。

座波　いや、多和田先生は、お父さんの初代多和田についています。初代多和田は髪の毛をばらばらにしていたので、ニックネームは、〝多和田のカンプー〟。戦後の空手の本にはそのニックネームのほうが出ているのがある。その初代の妹が知花先生の嫁さんなんです。

初代の時代は日本の幕末、沖縄では廃藩置県の頃、喧嘩時代です。とくに沖縄の喧嘩というのは、「やるか」と言っても、手に何にも持っていないから、素手で喧嘩。赤田、鳥堀、崎山という首里三箇《さんか》の町と言えば、喧嘩で知らない人はいなかった。その三箇の若い連中が那覇の町を歩いていると、みんな逃げていく、そういうふうな時代であったらしい。

知花先生の場合は、糸洲安恒《いとすあんこう》先生についたようですね。しかし型の構成は糸洲先生のとは違う。糸洲先生のは力がぱっと前に出るような形。知花先生の場合は、技が前に出てあとで力が押す。かっこうは同じですが、そういう力の持ちどころが違うという感じがありました。

――「技が前に出て力が押す」というのはどういうことでしょうか。

宇城　技が前に出るというのは、我々心道流が大事にしている「呼吸による力」ということです。力が前に出るというのは、パワーでいくということです。

座波　そんな感じで、知花先生の場合は、技を生かすために力を引っ込める。糸洲先生の場合は、当時奨励期の空手だから、力で型をやって見せる宣伝みたいな動きもあったのでしょうね。「技」

宇城空手（創心館）系譜概略

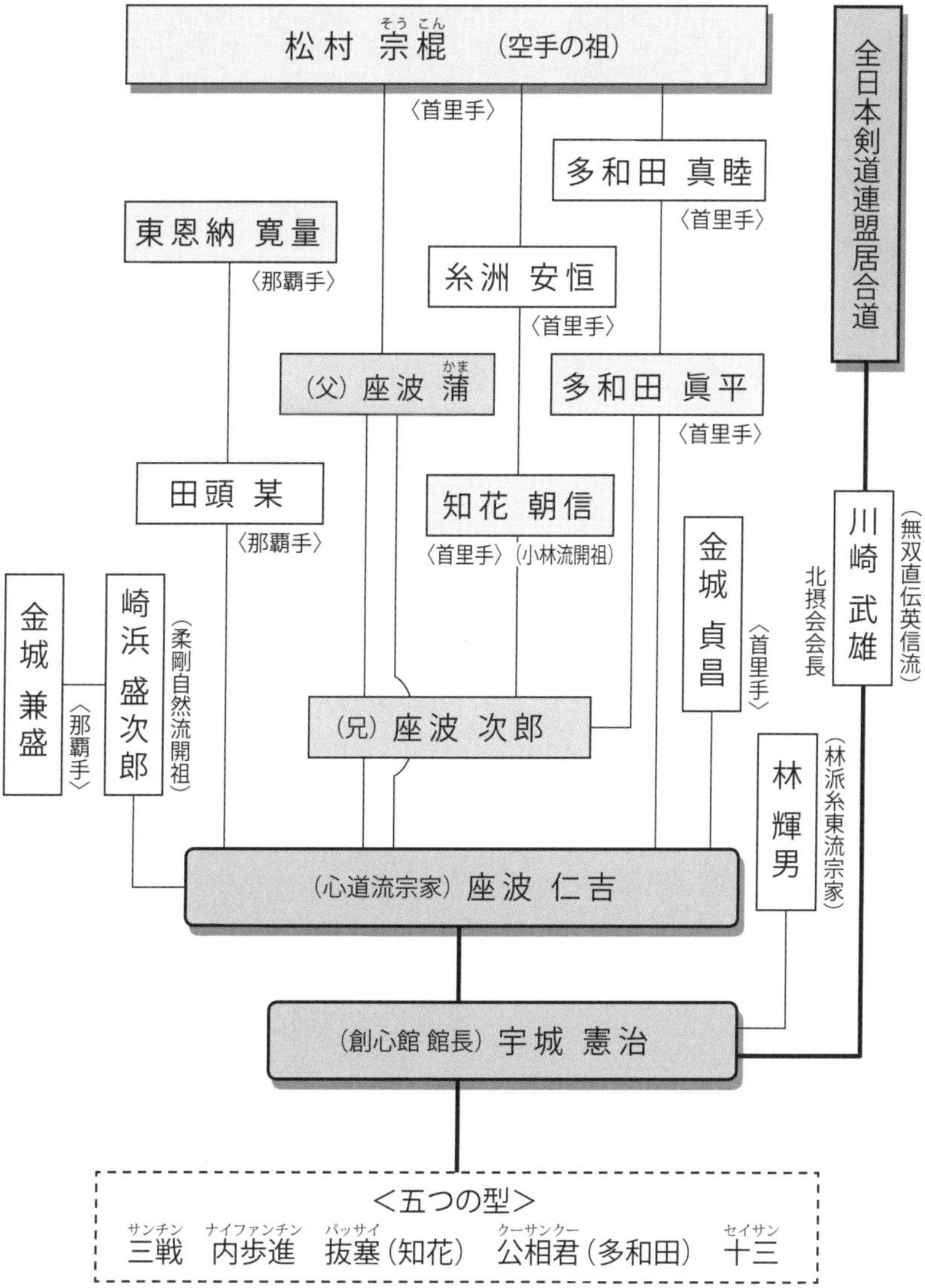
松村 宗棍《そうこん》（空手の祖）
〈首里手〉
多和田 真睦
〈首里手〉
東恩納 寛量
〈那覇手〉
糸洲 安恒
〈首里手〉
（父）座波 蒲《かま》
多和田 眞平
〈首里手〉
田頭 某
〈那覇手〉
知花 朝信
〈首里手〉（小林流開祖）
金城 貞昌
〈首里手〉
金城 兼盛
〈那覇手〉
崎浜 盛次郎
（柔剛自然流開祖）
（兄）座波 次郎
全日本剣道連盟居合道
川崎 武雄
（無双直伝英信流）
北摂会会長
林 輝男
（林派糸東流宗家）
（心道流宗家）座波 仁吉
（創心館 館長）宇城 憲治
＜五つの型＞
三戦《サンチン》　内歩進《ナイファンチン》　抜塞《パッサイ》（知花）　公相君《クーサンクー》（多和田）　十三《セイサン》

ということになれば、糸洲先生は力を抜いてやっていました。型の場合は力でやっても、組手ではやっぱり力を抜いていました。

糸洲先生は旧藩時代は伊江男爵（琉球王・尚《しょう》侯爵の弟）家の書記長をやっており、廃藩置県後、伊江男爵の別荘の番をして、そこで弟子を養成していました。

当時の首里手では、五、六人有名な先生がいましたが、型が小さかったり硬かったりしていますね。僕の型は身体が小さい割には型が大きいのです。あの当時の大人たちによく言われました。「おまえ、小さい割に型が大きいが、どこからその型持ってきた」と。型を大きくするのは、その人の性格と稽古のやり方でしょうね。僕は稽古の時は、「型を大きくあらわすようにやれ、でないと技が小さくなる」と言っているのです。僕は身体が小さいほうですから、型だけは大きく見せるようにやりました。

松村宗棍《そうこん》の妻　女空手家

――たしかに、先生のナイファンチンの型は本当に大きく見えますね。糸洲先生の師である松村宗棍先生についてはいかがでしょうか。

座波　松村先生は何代も上の先生だから僕ら直接の話は知りませんが、世間の伝え話にはおもしろい話がありますよ。まず有名なのは女流空手家の松村先生の奥さんです。奥さんは、ぼつぼつ嫁にいかねばならない頃、「試合して私に勝つ人に嫁にいきます」と言ったのです。それが

ナイファンチンの型より「諸手突き」

結婚の条件でした。それが世間のうわさ話になり、青年だった松村先生がそれを聞いて、よしと試合を申し込んだ。最初の試合は松村先生が負けた。これはわざと負けたのかどうかは知りません。

二回目の試合では、奥さんが沖縄の墓――沖縄の墓は横穴式で、上に亀の甲という石が積んであります――に先に行っていて、その墓の上で待っていた。松村先生はあとから行って、まだ来ないのかと思ったら、ぱっと墓の上から奥さんが飛んできたという。松村先生が下からぱっと奥さんの両乳をぐっと握ったら、奥さんは負けました（笑）と。ほんとだったら握るくらいの余裕があれば、パーンとやれるのでしょうけどね。それで二人は結婚したそうです（笑）。

もう一つのエピソードはね、松村先生は道場を持っていないので、弟子の家に行って個人指導で教えていたのですが、帰る時間帯も道順もいつも同じだから奥さんにもわかる。そこへ奥さんが男装して松村先生を待ちぶせて道路端で「かけ試し」をした。それで松村先生がパカーンと急所を蹴った。しかし相手は平気でスタスタと帰る。松村先生は「わしに急所を蹴られたのに、まっすぐ歩いて帰るのは、只者ではない」と思ったんですね。そして「これは男ではない」と察している。そう考えながら家へ帰ったら奥さんが寝ている。居間へ入っていったら奥さんが起きてきて、ニターと笑ったという。「ばかやろう、おまえがやりやがったな」と（笑）。

昔は、僕らの頃までは女流の空手で有名な人はいましたよ。タマイという小錦みたいな体格をしていた人がいましたが、身が軽かった。僕らが一五、六くらいの時に、その人は六十を過ぎてましたが。当時の女性でもそのくらいの空手家がいたわけです。

暗闇の稽古――影が逃げるまで、消えるまで

――先生の修業時代のことを伺いたいと思います。以前、闇夜の稽古についてお話しされていますが、もう少し詳しくお聞きしたいのですが。

座波　どういうふうに修業したかというのは、ちょっとよそと違っています。僕の場合は自分で編み出した稽古方法です。当時は街灯も何もない時代でした。ふだんは星の光で道筋ははっきりわかるし、月夜とか天気のいい日は、道は青光りしている。新聞も読める。雨降り、曇りだったら完全に真っ暗です。その真っ暗闇の夜を利用して、どろんこ道で稽古するのです。

稽古相手は誰もいないのだけど、誰かが構えて立っているとするわけです。すると真っ暗闇の中に影が現われる。それが見える。実際の影ではないんですが、自分がそういう錯覚に陥る。その架空の影と戦うわけです。それが私の稽古。人の技を見る眼がついたのはそういうところからです。

暗闇の稽古はおもしろいですよ。やっている人でないとそのおもしろさがわからない。傍から見たら、「あれは何をやっとるか」ってなものですが、こっちは影に向かって真剣にやっておる。

――その影に負けることもあるのですか。

座波　負けることはないけれども、影が逃げるまで、影が消えるまで戦っている。時間的に言えば三〇秒かそこらでしょうな。それで影が消えてしまう。それが勝ったということですね。見

え出すには三〇秒か四〇秒くらいかかる。それまでこう構えている。

影が見えるということはね、宇城君でも時々そういう幻想があると思うんですよ。自分で暗闇でやらないから感じないだけで、暗闇でやり続けていたらそういう幻想が出てきます。自分の動く技が自分でなくなってくる。影が自分の影になってしまう。影が暴走してくるような感じなんです。それを受けてやるんじゃなくて、一挙動で相突きするつもりでやるのです。速いんです、スピードが出るんです、そういう時ね。

宇城　先生は、ぱっと身体かわしがうまいんです。攻撃してもぱっと先生にやられている、気づいた時は、自分のふところに先生が入っている。相手が見えているということですね。ふつうは相手の動きを見てやるでしょ、その時はもう間に合わないですよ。ぱっと感じる、もうその時は入っている。こちらがかかっていった時に「わっ」と思うのはそこなんです。

実際相手が動き出す前に何かが先に動くんですね。そこを先生に捉えられているからどうすることもできない。それは、先生が闇の中の稽古で見えるようになったということの証しではないでしょうか。それに加えて、技が先に出てあとから瞬発力の攻撃があるので、相手としては反応ができないということではないかと思います。

――そもそも暗闇の中で稽古しようと思いつかれたのはなぜですか。

座波　小さい時分に犬を飼っていて、夜散歩に連れて行く時、ぜんぜん行ったことがない所に行っても、帰りはちゃんと犬が連れて帰ってくれる。そこで僕は思った。人間は暗闇ではちょっとした交差点を間違うけど、犬は間違わない。なんでやろう、と。

暗闇で犬の目を見たら、ネコみたいにそんなに光っていない。ところが耳がこう動きよる。ああ、そこに勘がある、犬の額、物を判断するのにはそこが大事なんや、と。それでいっぺん一人で真っ暗闇の中に行ってみようと思った。いつも歩いている所だと同じ所を帰ってくるから、いっぺんも歩いたことがない所を回っていった。横見て歩いていたら道が狂ってしまう。また引き返して元の地点に戻る。横を見ずにまっすぐに歩いていくと元の道に戻る。ああ、真剣の集中はここにあるんやな、と。そこで見出した。

真っ暗闇の所で一点をにらんでよそ見しないと、そこに何かの現像があらわれているような感じがする。身体の動きとそういうふうなタイミングだろうね。何かが動いているように見える。それが小学校三年くらいの頃かな。

宇城　それぐらいの時からそんなことを考えていたのですか。それはものすごい天才だったということではないですか。

座波　あほの部類や（笑）。秀才でも天才でもない。その頃から大人と一緒にやっておったからね（笑）。僕は、自分一人の考えを自分一人で体験するという癖が子供の頃からあったんや。こういうことをやってみたいけどと大人に相談することもなかった。こういうことをやってみたいと思ったら、もう自分でやってしまう。成功したら、こうやったほうがいいとか言うけど、失敗したら黙っとる（笑）。どっちかと言えば、空手きちがいやろな（笑）。

泥んこ道に手を突っ込んで泥をミンチにするという握力の練習もしましたよ。あの時分、握力強かったです。板を割り箸くらいの幅でちぎった。大きくちぎるのだったら誰でもできるけど、割り箸の幅くらいに。それだけ握力が強かった。それは泥んこ道の泥で鍛えたからね。しかし力を鍛えたという経験はない。自然に動く。たとえて言うと、台風の時、竹やぶの竹は力がないから折れない。松の木は折れる。硬くなったら技ができない。力学の原理や。

それから僕の稽古のもう一つ効果的なことは、道を歩きながら型をやったということです。町の真中を歩きながら、「あの型難しいな」と、サンチンの虎口なんかをやっていました。稽古して歩く。人の前であろうがなんであろうが、この技難しいなと思ったら、どこでもその場で稽古した。それが僕の恥知らずの稽古法です。

見るを修得しないと自分の技は生かせない

――先生は、全く独自の方法で修業されてきたわけですね。

座波　一般の人の鍛錬と言ったら、自分の身体を粉にして技を鍛えることですが、僕は自分の身体を粉にせずに楽に鍛錬している。結局、身体の鍛錬ではなくて精神的な鍛錬なんですね。ほんとの武芸の修業というのはそういうもんと違いますか。自分の身体をいじめて鍛錬することは、あまり効果ないと思うんですね。自分の身体をいじめず、精神的な鍛錬からくる敏捷の動き、そういう自分の動きを作る、そういう鍛錬じゃないですか。それがひとつの僕の鍛錬の目標です。それが現在につながって、「他尊自信」という言葉も生まれてきたと思うんです。

それと、昔の先輩たちが残した言葉も多少、反映しています。ですから自分で鍛錬なんて難

「他尊自信」　座波宗家直筆

しく考えたことはない。そのかわりいろいろな工夫はしています。ただね、相手がこうやったら、こっちからこう出るというような空想はしません。それは現実の時点で合わさないことには技を覚えられませんから、そういうのは考えません。

自分で自分の体格をよく知っていますから、相手を見た時に、「ああ、この人間は僕より弱い、強い」ということがすぐ計算できる。それも僕の特徴です。その人間の技、その人の動きを見て、何が特徴かということもすぐわかる。そういうのはさっき申し上げた、暗闇で鍛えた精神統一の経験だと思うんです。

相手が技も何もせんのに技を読む、これは嘘みたいな話ですけど、相手が構えた瞬間見える、読めるんです。相手の足がくる、手がくる、逃げる、それがわかる。相手がぴょんぴょんと飛び回る場合、これは掴みどころがないから、こっちも逃げる。そういうふうに相手の先手、先手を打つ。相手に先手を打つには、相手の技が見えなくちゃ打てない。相手の技が見えるということは、僕の自信やな。

――つまり暗闇での稽古は「相手を見る、相手を読む」修業であった、ということですね。

座波　そう。結果的には良かったんじゃないかと思うんですね。暗闇で何がはっきり見えるということはないのですが、何か覚えとる、そういうことが見えることにつながるんです。だから相手も読める。私は、相手の動きを見るということを早く修得しないと、自分の技は生かせないとよく言うんです。戦う技ではない、自分の技、自分を守るのも自分の技、それが生かせない。空手は護身術というときれいな呼び名ですが、どういうふうな時点で相手を叩くか、やたらめったら叩くのでは暴力になってしまいます。

追い詰められて戦う　と　戦わずして勝つ

座波　僕はよく冗談半分で言うんですが、沖縄の空手を唱えるなら沖縄の歴史を知れ、と。沖縄の歴史を知らなかったら沖縄の空手の意味はないんです。歴史の中で知ってはじめて空手の良さがわかる。沖縄の実際の空手は、人殺しの空手ではなくして、人を助ける空手。その証拠に沖縄のイメージには守禮《しゅれい》の門というのがあります。額には「守禮之邦《しゅれいのくに》」、礼儀を守る国と書いてある。これが沖縄の絶対的な表看板です。

ですから人と戦うのではなく、自分と戦い自分に勝つのが空手。人に勝つのは勝敗の「勝」、それは人と戦って勝つこと。自分と戦って勝つことを「克つ」という。沖縄の空手はそれでないといかんと。人と戦って勝つのは素人でもできる。自分に克つことは、よほどの鍛錬、訓練なくしてはできません。

昔の沖縄では、自分から先に喧嘩を売るということは絶対になかった。相手から売られたら、逃げるだけ逃げて、逃げられないようだったら、はじめてそこでやるというふうだった。泊手の松茂良興作《まつもらこうさく》、あの人がそういう感じの武士でした。「追い詰められて戦う」という。

一方首里の松村は、「戦わずして勝つ」というのが特徴。首里松村は、当時の琉球王の御側役となり、代理で薩摩に派遣された。その当時に薩摩から琉球討ちといって虐待を受けたが、相手がかかってくるまで絶対手を出さなかったと言います。

相手の薩摩は当時から刀を持っている。刀を抜いて切りかかってきたら、その時は一発でやると。松村先生は、その秘奥を利用して剣術・示現流《じげんりゅう》を稽古し、免許をとって沖縄に帰りました。

武士という名前に汚れをつけんよう自分に勝たなくてはならん、それが首里松村の特徴です。泊手の松茂良の空手でも首里の松村の空手でも、結論は一緒ですけどね、言葉の形容が違うだけでね。

——お二人とも自分から喧嘩を売ることはない……しかしやむを得ない場合は、戦った、と。

座波　ですから、どういう時点で相手を叩き、結論をつけるか、「詰まり」の時機、さっきの松茂良先生の言葉で言えば、「行き詰まって行き詰まって、そこで反撃しなくちゃいかん」という、そういう時機があるんです。その時機というのが、今の言葉で言えば、作戦の時機なんだけど、当時の言葉で言えば、反撃の時機、その時機というのがあるんです。

相手がぼんぼんと攻撃してきて、自分がいくらとっとっとっとっと後ろへ下がっても、自分が攻撃する時機というのがあるんです。そういう時機を逃がしたらいかん。その時機を逃がしたら負け。それが修業の結果じゃないですかね。面と向かって戦うのが修業かもわからんが、押してだめなら引いてみるというのも僕の修業です。相手がぼんぼん押してくる時は下がり、ある一定の時機まで下がったら反撃に出る。そういうように結果を見ると言いますか、時機を見る、それができなかったら本当の武術家ではないですよ。

剣の有名な先生でも、柄を握っているが、抜かない。相手がやーっと打ってきても身体をかわして抜かない。しかし、その時機がきたらぱっと抜いて切ってしまう。やたらに剣を抜いて戦ったら、お互いに喧嘩両成敗でね、どっちも勝ち負けがない。しかし、その時機にきて「ばん」とやれば、一発で相手を切ってしまうから、勝ちははっきりする。

空手もその通りで、構えて下がるんでなくて、いつでも変化できるように自然体のまま下がっていき、それでぱっと前へ出ていく、そういう時機の見はからい、これがまあ、勝つ絶対条件じゃないんですか。

——それは、見えなければ絶対できないですよね。

座波　相手が攻撃してくる一瞬手前でわかるのです。相手に絶対隙を与えない。後ろに下がるのでも、ただ下がるのではなく、こう、角度を作って下がる。だから正面に隙がない。僕らの頃の喧嘩時代の空手は、そういう心得も必要があったけど、現在の空手はそういう必要がない。

今の空手は叩かれたら叩かれ損や。今の人たちは広い所で稽古しているから、後ろへ下がるのはうまいけど、前に出るのは下手。僕らの時は三畳間で稽古したから、覚えが早かった。広い所でやっている人はそれが見えないんです。

――稽古は常に三畳間でやられたのですか。

座波　そう。あの当時は空手の稽古を他人に見られるということはあまり好ましいことではなかった。たいがいあの時代は家に三畳くらいの隠し部屋があって、ほとんどの人が隠れ部屋で稽古していました。そこがほとんど空手のための暗室なんですね。私もそこで稽古しました。

――お一人でですか。

座波　一人。僕の場合、兄から型の順序を教えてもらったら、それを仕上げるのは自分一人、隠れ部屋で稽古して仕上げました。それが当時の空手家です。どこにどんな有名な武士がいるかわかりません。名前を挙げないし見たことがないから、どういう技を持っているのかもわからない。僕らは道を歩きながらでもやったけど、本当の自分の空手に合う技は見せてはやりませんでした。隠れた部屋でやる。それからさっき申し上げたように暗闇の中でやりました。

自分で自分の技を言いきかす

宇城　心道流の投げ技はどういうところから出てきた技ですか。

座波　一つは僕の勘でもあるけど、基本はやっぱり親父の代に稽古しています。親父は松村宗棍先生の空手を習い、のちに糸洲先生のほうに合流しています。うちの親父たちが若い頃、同門の四、五人と広っぱで投げの稽古、技の稽古をやっていたらしいです。その技が流れて僕の代まで伝わったのです。

僕が小学校に入ったばかりの六つ、七つの頃から、家の庭先でよく親父に投げられていました。おふくろがよく、「そんな小さい子をばたんばたん投げたらあかん」と言っていました（笑）。親父は投げても、怪我をさせないように投げているからね。受身をよく稽古させられました。

庭先に出て投げられるばっかりです。突っ込んでこい、突っ込んだら投げられる。蹴ってこい、蹴っても投げられる。これが稽古やと言われました。勝つのが稽古ではない、こういうように負けるのが稽古や、と言っていました。

僕があまり器用すぎて、親父たちの代の技をぬすんでしまった（笑）。当時の親父たちの稽古仲間より僕のほうがうまいという自尊心がある（笑）。そうした自尊心も技を助けるひとつの気持ちです。

自分を疑ったら自分の技は伸びない。自分の技を人に評価するんじゃなくして、自分で評価する。人に評価したら、ほらふいていると言われる。そういうことでなく、自分で自分の技を言いきかす。

僕の投げは一回見ても教えても真似できない。心道流の投げは握らず触るだけで相手を投げる。握ったら、その感じで力がそこにいってしまい、下半身が重たくなる。しかしぱっと手で軽くはさむと、そこにあった力が肩に戻っていくから身が軽くなる。心理的な作戦が身についている。だから握らず触るだけ、それが僕の投げです。

おまえの空手は大人並みや

――先生は小学校の時に型を模範としてやられたとお聞きしましたが。

座波　沖縄師範学校には糸洲先生の空手部があったから、空手のうまい先生のいる学校では運動会の合同体操で空手をやるのです。棒のうまい先生がいたら棒をやる。どこの小学校でもそれはめずらしいことではなかった。私が小学校六年の頃でしたか、学校に空手のうまい先生がいて、ちょうど担任だったものですから、「おい座波、指揮台にあがって、ナイファンチンやれ」と。その先生は僕が空手をやっているのを知っていたのです。

呼ばれて指揮台の上でやったからといって、褒められるわけでもなんでもない。当時、私は、空手を見る力というのは、あの時分の大人くらいの力があった。「おまえの空手は大人並みやな」とよく言われたものです。でもそう言われても、あの時分は当たり前だから自慢にならん。今の時代だったら、中学くらいの子供が大学生くらいの型をやっていると言われたら喜ぶだろうけど。あの時代は稽古しているから、当たり前という感じでした。

宇城　しかし指揮台にあがるというのは誰でもということではないでしょう。

若き日の座波先生

座波　まあうまいという仲間に入るだろうけど、特別上手だから出されたということではない。そのぐらいのこと、みんなじゃないけど、やれる。手近にいたから、やれ、と。はじめに目をつけられるのが四、五人くらいでした。

――先生は棒はやられたのですか。

座波　基本はやりましたよ。型の一つ、二つは兄から習いました。当時は、空手をやっている師範は棒の基本動作はやっています。棒の基本動作を教えておかないと棒との戦いができない。そういう意味で棒の基本動作はどこの道場でも教えていました。

　僕らの時代は、棒、杖、尺棒、短い棒の使い方だけは教えてもらった。僕らは小さいから杖術がうまい。六尺棒であったら身体をもてあましてしまう。棒に振り回されることはありませんが、ちょっと棒が長すぎる。

　基本だけだったらどこの道場でも教えてくれますが、それぞれ、棒は棒、サイはサイと専門がある。棒のうまいのは棒ばかり専門でやる。術になったら専門の道場に行かなければならない。

宇城　よその空手の先生に習いに行くというのはよくあったことなんですか。

座波　ああ、ありますよ。城間《しろま》真繁《しんぱん》のところに行ったことがありますよ。当時すでに多和田先生の道場と離れていたから、黙って行ってもよかったのだけど、一応断わりました。「見に行って気にいったら、習ってこいよ」と言われました。ところが当時の首里手は、どこの先生の型を見ても、型は違っても技の運びはみな同じだった。やはりさすがは首里の型、空手やなと感心しました。

宇城　それだけ忠実に稽古をしていたということですね。

座波　先生同士はみな友達や。自然に共通点ができるんじゃないかね。

音曲《おんぎょく》は琉球武士のたしなみ

宇城　先ほどの話にもありましたが、松村宗棍先生が薩摩に行った時に示現流を習っていますよね。エピソードみたいなものはあるのですか。

座波　松村先生は当時の琉球王の師範代で、時には王の代理で薩摩に行ったことがある。その時に薩摩の武士から「流球の武士は歌も踊りもうまいそうですね」と言われた。松村先生は、「いや、うまくはないけど、一通りは稽古はしています」と。「それならいっぺんやってみらんか」と。薩摩の武士が琴を持っていって、松村先生が琴を弾いた。そこに薩摩の武士が松村先生を後ろから刀で切りつけた。琴が二つに切れた。松村先生は後ろを振り向きもせずに「今の刀では人を切れませんね」と言うと、その薩摩の武士はまいりました、と。

武士のたしなみというのはそういうところまでやらないかん。琉球の沖縄空手をする人というのは、踊りも三線も稽古した。空手で相手をせずに隣の部屋へ行って三線を弾いて踊りをやって喧嘩の話がなくなる。平和を保つためには歌も踊りもやらなくちゃいかん。沖縄の昔の先輩たちは、僕らぐらいまでは空手をやりながら踊りをおどったり三線を習ったりしたのです。うちの親は歌がうまかったし、兄貴は踊りがうまかった。三線は琉球古典だけど、僕は一応教授の免許を持っていますよ。

宇城　武術だから、空手は剛ではないですか。そういうたしなみは柔。剛柔一体なのですね。

座波　空手と踊りは一対だからね。剛ばかり稽古しておったんでは人間的な柔らかさが出てこない。踊りを稽古して人間の柔らかさを作る。武道は剛柔がつきものやから、踊りも稽古しなさい、と。先生がじかに言うのではなくして、先輩たちがそういうように教えてくれたのです。

当てると突くの違い

――瓦を割るなどのパフォーマンスはいつ頃から始まったのでしょうか。

座波　だいたい瓦を割ったりレンガを割ったりするのは沖縄ではめったになかったけど、終戦後、空手の普及時代に入った頃、にせものがやっていた。空手同好者を募集するために、どこの演武会でも瓦を割ったりレンガを割ったりするようになった。

宇城　私も学生時代、新入部員を集めるのにしょっちゅうやっていましたから（笑）。

座波　瓦を割るには要領がいる。瓦は真中を叩いたんじゃ割れない。はしっこを叩く。上を叩いた反響が下にくる。今はね、武道具店で割るための瓦を売ってますわ。沖縄の瓦というのは本土の瓦と違う。沖縄の瓦は素焼き。だから水をよく吸う。明日割るという時は水に浸けておく（笑）。瓦屋と心安かったら半焼きにしてくれと言っておく（笑）。

宇城　何のために瓦割りをやっていたのですか。

座波　見る人を脅しとるわけや。脅迫や（笑）。空手はこんなもんや、どうだ、と（笑）。空手やっている人と喧嘩したらたいへんだぞということでね。

僕は大学の空手部で教えているけれども、巻藁は突かさなかった。巻藁を立てるには立てましたが、当て方を教えるだけで突くということはさせませんでした。巻藁というのはこうやって押す。それで関節の力を作るものであって、拳骨を固めるものと違うと言ってね。「巻藁を突く」という言葉自体が悪いと僕は言っていました。素人は巻藁を突くと言うが、熟練者は巻藁を当てると言う。それは自然な言葉の流れだが、意味合いが違うんです。

――その「当てる」と「突く」というのはどう違うのですか。

座波　本当の拳の力を発揮するには「当てる」のが正当なんです。「突く」というのは個人差がある。突くのは遠く離れていても突ける。飛び込んでいっても突ける。しかし当たっても怪我するほどの力じゃない。突くのは切れるだけや。ところが当てると効く。当てというのは、顔なんかですと顎がはずれてしまう。しかしね、熟練した人の拳は当たらんですよ。というのは熟練した連中は技の中に心というものができているから、めったに当てない。熟練者の拳はスピードがあるから、鼻先三寸でぱっと止まる。スピードのない拳は当たってしまう。

宇城　スピードのない拳、つまり瞬発力のない拳は脇と肘の締めが甘いので、拳が流れて相手に当たるということですね。

座波　そう。素人の喧嘩では、当てるつもりでやってるけど、拳が流れるから当たっても痛くない。中途半端な連中は当てるつもりでやるもんだから、怪我人を出すんです。熟練者の拳は、あまり外に響くような攻撃は出ない。そのかわり当てたら相手はその場で死んでしまう。当てるというのは非常に危ない。急所を狙っているからね。

しかしそこに熟練者の心というのがある。その心がなかったら、槍より怖い。熟練者でありながら当てるのは、その人の魂が乱れとるということ。それは空手の武士として風上にもおけない。相手がしつこくぶつかってきたら、やむを得ずやる。それはもう武士としてのたてまえだから仕方ない。そやけど喧嘩を売ってやるのは、武士の名折れである。

真剣な稽古が原動力

宇城　先生は沖縄に何歳までいらしたのですか。

座波　二十歳までです。ちょうど暴れ時期な年頃に沖縄にいました。思う存分暴れることができなかったけど、こられたら、なにぃ、という気構えはありました。名が売れている空手の連中はやたらに喧嘩はできなかった。あいつの弟はどこそこで喧嘩しよったと言われたら、兄が困るしね。兄貴や親父の手前があるから、喧嘩はやらんかった。

宇城　名前が売れると逆に喧嘩を売られることはなかったんですか。

座波　名前が売れるのがいちばんこわかった。どこで無法者が待っとるかわからん。ですからさっきも言ったように、暗闇の中を歩く時に型をやって歩いた。そういうように稽古を平気でやれたというのも、僕のあつかましい気持ちや。暗闇の中で見る、その見る力を作る稽古も僕の精神訓練、技を見抜く、その目を作る、そういう稽古。とくに難しい稽古、鍛錬というのはないんです。

ただし、これまで相手が受けそこなって当たってしまったことも、自分の不注意で相手に当ててしまったこともない。僕はその時分からスピードには自信があった。ぱーんと行ったら相手の鼻先で止まる。さっきも言ったようにスピードのないやつは、ぱかっと当たるんです。僕は稽古を真剣にやったから、暗闇の中に形を見出すほど真剣にやったから、絶対隙を作らない。それがこの空手を成功させた原動力じゃないですかね。

武術の型は永久の芸術

古典を生み出す型

宇城　今、いろいろなところで型というのが非常に重要だということに気づき始めたんですね。それは型は不変でありながら、あらゆる創造の原泉であり、また迷ったら戻れるところでもあります。とくに伝統の型には「知」が存在しています。一方で、今その伝統の型が消えつつあります。

武術空手の知とは、座波先生にお話しいただいているようなことですね。それを単なる空手という方向だけに向けるのではなく、世の中にどう発信していくか。いずれにしろ武術空手の型をはじめ、伝統の型は大きな意味があり、大事なことだと思っています。ですから技の説明だけでなしに、先生が今おっしゃっているようなことを世に発信していくということが非常に大切になるわけです。

座波　武道では型にはまった技をやらなくてはならない。日常生活でもそうです。その型は単なる形だけでなくして、内容のある型でなければなりません。内容がなかったら型ではない。

宇城　空手をやって型を知らない、型をやって技を知らない、技をやって心を知らないということになってしまう。今の日本の企業がそうなってきているんですね。どの会社も競争、競争で、必死になっている。だから犠牲が出てくる。だからリストラ、リストラになり、その結果、人の心がおかしくなってきている。それでは行き詰まると思います。
　それを取り戻すために何が必要かと言うと、原点に帰ることだと思います。そこには知と実践を内包した型が必要であると思います。武術空手の知と実践が必要であると。

座波　空手の型にはいろんな技が隠れている、表に出てこない。ところが空手の修業を十分にした人は、普段、表に出てこない技がぱっとした瞬間に出る。その人に「今の技なんですか」と聞いても、「知らん」。そういう人がたくさんおる。知らんうちに知らん技がたくさん出てくる。それが修業の効果である。ですから、型というのはそれだけ大事なんです。
　空手の場合は、基本的な型があるから稽古がしやすい。技を覚えやすい。その人の努力によっては、型の中に隠れている技を全部吸収することができる。ですから、古い空手、型を残しておかないといけないのです。それを元に新しい空手、新しい技を作っていくのですから。

宇城　やはり原点としての型を忘れたらだめですね。自分の形、術技を作っていける唯一の原泉ですからね。

座波　古典というのは現代のすべての基本ですよ。古典があって現代がある。たとえば歌舞伎役者が今やっているのは古典みたいに見えるけど、現代の技。古典の基本がなかったら現代の歌舞伎はできない。空手でも同じ。空手の基本である突き、蹴り、受けを空手道から取ったら空手じゃない。空手は突き蹴りがあるから、空手道。古典的な空手がなくなったら、技というのは完全になくなってしまう。

宇城　今だけのものは次の世代になるとなくなる。古典であれば、その良さをずっと引き継いでいけるわけですね。

型の目方

座波　僕らの時代の体験話ですが、同じ日に二人が入門して、一人は二年も三年も型ばかり、もう一人は組手ばかりを稽古した。三年ののちにその二人が試合をした。そして組手ばかりやっているのが勝った。翌年また試合したら、今度は型ばかりやった人が勝った。つまり短時間の稽古は、組手ばかりやっている連中のほうが強い。しかし型を稽古した人は永久の強さや。武術における型がいかに大切かということ。武術というのは永久な芸術であって、その場限りのものとは違う。

空手を見るというのは空手をやるより難しい。それには型を見る力が必要。ただ漠然と型を見ていたのでは、見たという値打ちがない。

型の見分け方は、型の目方ではかります。型自体に重みがある。その重みを見分けるのも鍛錬していかないとできません。型の目方でその人の修業年齢がわかる。昔の人は、「あの人の型はうまい」とは言わずに、「あの人の型はちょっと重たい感じがする、あれはちょっと軽いね」というように、上手とか下手という言葉を使わずに「重たい、軽い」と表現しました。

あの時分と今の空手のパワー、言葉は同じパワーですが、内容の解釈が違う。僕らの頃のパワーというのは、「力のばね」、今の言葉で言えば、極めとか瞬発力のこと。それがある型は重たいと言い、極めがない型を軽いと言った。重い、軽いで評価したのです。

宇城　先生の場合、裏拳にしろ、突きにしろ、重たくて瞬発力がある。力でくる突きは、ぱっとはずされたら流れますよね。瞬発力の空手は、入った瞬間重みがあって極まる。ぜんぜん違います。

座波　瞬発力の練習の基本はセイサンです。そういう技の出し方を教えているのがセイサンの型。型が教えてくれるんです。型をひとつの基本として技がいくらでも生まれてくるんです。それが空手のおもしろみであり特徴です。

力でやるのではなく、技をあらわす

宇城　心道流ではサンチン、ナイファンチンをはじめ五つの型があり、そのうちサンチンは那覇手の型で、剛柔流の代表格で、一般的には鍛錬型と言われ、身体のあちこちをパンパン叩いたりして、型の検証をやっていますが、心道流の場合は、肘の締めとか呼吸と動作の一致、力を入れずにやるなど趣きが違うように思うのですが。

座波　那覇手のやり始めは、うちの親父が製糖会社に勤めていたのですが、そこの守衛さんから教えてもらった。その人（那覇出身だから那覇手です）は、今の剛柔流の宮城長順さんよりはだいぶ歳が上で、東恩納《ひがおんな》時代の弟子だった。だから僕らのサンチンはちょっと違うところがある。

どの型も鍛錬型や。鍛錬型というと言葉に惑わされて型に力入れて稽古する。だから技の修得ができない。型というのは技を組み立てる基本だから、それを力いっぱいやると、それで終わってしまう。分解技が出ない。力を抜いてやったらいろんな技が出てくる。それから自分に合う技をとって十八番にする。十も二十も稽古する必要はない。

たとえばナイファンチンであれば、そこには空手の基本的な技になるのは数え切れぬほど含まれておる。それ一つだけでも完全な空手になる。ただ形式的に順に覚えたからといって空手を覚えたということにならない。一つ一区切りの技を修得して、自分で改造できるところを改造する。改造も何もしなかったら、たとえば大きい人の型を小さい人ができないのと同じになる。

僕らみたいな小さい者は、その技を小さいなりになんとか作り上げていく。それが型が形に変わっていくということ。大きい人の解釈と僕らの解釈は違う。大きい人は力をあてにして技を解釈する。僕は力がないから、動きを基準にして技を作る。同じ型を分解するのでも、それだけ違ってくる。

宇城　大きい人も技でやるほうがいいわけですが、大きいからどうしても力に目がいってしまうということですね。

座波　よく、空手は大柄なやつは下手やと言われた。身体が大きい人は身体と力をあてにして研究しないからです。小さいやつは、小さいから自然に技を研究する。昔から小さいやつは喧嘩に強いというのはそこにある。たとえば、喜屋武《きやん》朝徳《ちょうとく》先生は、四尺七、八寸でしたが、喧嘩で六尺なんぼの人を軽く倒している。そういうように技で勝負するのが僕の空手。力で勝負するのは空手ではない。だから空手に力は必要ない。技を作るように稽古しなさいと僕は言う。

力を抜いて技をすれば、自分が思うように身体が動ける、思うような技が出る。身体が自由に動けるということは、それだけ技が敏捷にできるということです。力で鍛えた空手でしたら、もうこの年齢になったらやれません。技がはっきりと出ていけばいいんです。「力でやるのではなく、技をあらわす」、それが僕の型の流儀です。

瞬間的な技には言葉はない

――その〝技をあらわす〟というのは。

座波　さっきの言葉で言えば、技が先に出る、力があとで出る、そういう現象です。先に技がばーんと出て、それで力があとからついていく。そういう現象は本に書こうと思っても書けません。言葉で話をしても理解のある人だったら、そういうこともあるかなと理解してくれますが、たいていそんないいかげんなこと言うなという感じです。

ほんとの武道の技というのは言葉がない、言いようがない。それをわかりやすいように日常の言葉に変えて説明していますが、実際は言葉にあらわせないんです。

空手は何も持たない武道で、瞬間的な技ですから、言葉にならんですよ。技と言葉じゃ違う場合がある。宇城君は古い僕とよく付き合いをしている関係で、僕が言わんとするところをよくわかっておる。それが、見えるということ。影が見えるというのは、そういうことを言う。

言わんとするところが先にわかる。あの動きやったら足がくる、あの動きやったら手がくる。

相手の動きによって技が先にわかってくる。そういうのがやっぱり武道として言葉にあらわせないというところです。

武道でなくても一般の職業、仕事でもそうだと思うんです。「この仕事、なんで失敗したんか」、失敗するのは瞬間的に失敗するのであって、考えていて失敗するやつはおらん。瞬間的に仕事が運ぶのであって、ひとつのスケジュールの中では仕事はそんなに運ばない。

空手で言えば瞬発力、仕事で言えば即決力、そういうのがすべての社会の行動にある。空手だけでもない。宇城君は刀でやっとる。鞘の上で構えるまでは誰でもできる。ぱっと切る瞬間の動き、それは練習しなくちゃできない。

空手も同じで、構えるまでは誰でもできる。相手の呼吸に合わせてぱっと出て行く、その瞬間の技はやはり鍛錬しなくてはできない。それが技です。

そういう技をもう少し詳しく説明してくださいと言われても、できない。技というのはそういうもので、本当の技、瞬間的な技ということになったら説明ができない。それは宇城君でも学問的な説明はできても技の説明はできない。

――型から、そういう動き、技が出てくるわけですね。

座波 そうですね。僕はいまだに自分の技が正統だとは思っていません。僕の技はまだまだ伸びる可能性がある。この技はこれで終わりであるという感じをいっぺんも持ったことがない。まだまだ発見する余裕がある。

技の稽古はね、型を早く形に変えること。それが自分の技を作る大きな課題です。型を型として守ってそればっかりやっている人がいますが、基本的にはいいんだけど、それでは自分の技が作れない。自分の技を作ろうと思ったら、その上達した型を形に変える工夫をしなくちゃいかん。それが空手の最大の課題です。それができるようになれば、一応空手家や。何十年、空手を稽古してもそれができなかったら、空手家じゃない。

見て覚えよ

――型をただやるだけじゃなくて、それを元に工夫して自分の形を作ると。

座波　わかりやすい例を挙げれば、重量上げ。重量上げは力があるから上がるのとは違う。技というのがやっぱりある。瞬間的な技やから、傍で見ている者にはわからない。瞬間的な技というのは上げる時の〝うっ〟という瞬間。空手もその通り、相手を攻撃するのに肘が自分の胴から離れる瞬間が勝負どころ。その呼吸のあり方が重量上げの〝はっ〟という上げ方と一緒なんです。その呼吸の使い方が空手と同じ瞬発力。

　そういうように空手をうまくこなそうと思ったら、ほかのスポーツの技やその人たちがやっている呼吸、そういうのもやはり研究しなくてはならない。空手ばかりやっていたんでは空手にならない。空手やっている人たちも剣の使い方を知る、あるいは相撲取りみたいな力勝負もしなきゃならん。型がいくら上手でも、そういう多数の経験がなかったら技というのは生まれてこない。

技はその人が作るんじゃなくして、身体が作ってくれる。だからその人の身体は頭に命令する才能を持っている。身体が頭に命令する。頭が手足に命令する。いっぺん頭にいって頭からやる。命令系統はその時点によって違う。

いろんなスポーツ、いろんな武道を自分はやらなくても見るだけでもいい。見るだけでプラスになる。そういうふうな武道的な欲がないと自分の技は伸びない。わしは空手、あれは柔道、あれは合気道、そう区別をしていたんでは、自分の技は伸びません。

相撲でも合気道でも空手でも、武道という一つの枠内では何か通じるところがある。いろんな武道を見るうちに、その人の武道に対する動きが、目が、あるいは神経の動きが変わってくるのです。相撲が好きな人はテレビを見る時間がきたら仕事をほっぽり出して見る。自分ででき なくても相撲に興味を持っているから、その人の技がわかる。見て覚える、見て稽古する。

僕は「見て覚えよ」とよく言うんです。習ったら覚えなさい、覚えたら真似しなさい、と。知らないから習うので、習ったら覚えなければならない。覚えたらいつまでも覚えているだけではいかん、真似する。それが上達の基本です。

師匠から教えを受けるまではただの見習生。それがだんだん上手になって黒帯をもらってはじめて空手入門なんです。白帯のうちはまだ空手の見習い。だから見習いのうち、見たら覚える。覚えたら真似する。真似するようになると黒帯になる。黒帯になって真似のできないやつには、「あんたらいつ頃になったら、上手になるの」と僕は言うことがあるね（笑）。

——先生ご自身は空手以外で参考になるというか、影響した出来事などありますか。

座波　ありますね。たとえば宇城君の居合、ああいうのは空手の瞬発力になかったものがある。居合の瞬発力と空手の瞬発力、多少呼吸の使い方は違うけど、「はっ」という瞬間は同じ。「はっ」と剣をおろす時に呼吸を「はっ」とやる。すると剣が流れない。空手の拳と一緒で「はっ」とやると流れない。やはり同じ。

ああいうものから空手を教えてもらっていますし、僕の空手にも多少取り入れさせてもらっている。僕の空手の呼吸とか瞬発力とかいうのは、空手にない技が多少含まれておる。宇城君の居合を見せてもらって、勉強になり発見した。居合は知らなくても、技の切れをよく教えてもらいました。

きれいから美しいへ

座波　空手は奥へいくほどおもしろい。奥義を極めたと安心している人はみな落第です。奥を極めてこそまた奥がある。空手は死ぬまで修業や。山から湧いてくる泉、その泉の穴を掘ればなんぼでも湧いてくる。それと一緒です。空手の技というのは、一つ悟ればまた次に出てくる。するとそれをまた悟らねばいかん。それに追っかけられているような感じやけど、それだけ身についてくる。

だから意識してやるのでなしに、その技はどこからくるのかと型をやる。ああこの〝手〟の動きはこれと一緒、この型からきている、それで型を悟る。その型を何十回もやってみる。そしてその一つの塊を見出す。それがその型に含まれている本当の技。それを自分のものにする。そういうことをやりながら自分の技を作り上げていかないと、本当の修業者になりません。

宇城 その塊というのは元になる一つのものですね。

座波 つまり型の中の基本。型の中の芯や。それを基準にして、その型をいろんな技に応用していく。

宇城 それが一つ成長した時に、また一つ大きく成長していくと。

座波 今言う一つの塊を十くらいに分解してみる。そのうちの一つに自分の力と動きに合う技がある。それをもうひとつ分解してみる。いろんな型に変化してみる。僕らは人がやっている型を見て、ぱっと見て、しまいまで見なくてもその人の型がわかる。

審査する時はそこを見る。きれいな型というのは型がその人の動きと勢いででき上がっている。人形師が人形作るようであってはいかん。その人が自分の技にひきとるような能力があるかないか、それが型に出てきているかどうかを審査で見る。それから型がきれいなだけではいかん。きれいなだけでは空手の値打ちがない。「きれい」ということは、たしかにその人の修業のあらわれですが、きれいだけではいかん。

女の人はお化粧をしたら「きれい」。しかし海岸にある松の木、雨に打たれても自然の松の木は「美しい」。同じような意味だけど、「きれい」と「美しい」は違う。自分で修業して自然にできた技は美しい。師匠に教えられてでき上がった技はきれい。同じようだけど修業した人たちにしてみれば、この二つはだいぶ意味が違うのです。美しいというのは、自分らしい、自然

パッサイの型より　「手刀下段払い」

に出てくる美しさ、自分が作った技に自分の力を加えた美しさです。

宇城　その美しくするという意味がなかなか理解されないんですね。

座波　一般的に空手というのをあまり理解していないからや。ただ稽古したら上手になるという考えで稽古しているからね。そうじゃない。空手というのは足の先から頭の芯まで一体にならんことには上手にならん。ただ形式的に稽古しておったんでは、何十年稽古したって同じ。

第一、技というのは動きと力でやるんでなくして、その人の考えも入っている。その人の考え方が年いってしまったら、技自体も年いってしまう。そやから僕はよく言うのですが、稽古する時は常に勢いよくやれと。勢いが出れば自然と型も美しくなる。

それから姿勢が崩れたら、あかん。剣道なんかは多少姿勢が崩れても立ち直れるけど。というのは物を持っているから。物を持っているということは結局自分の正面に物がくるわけや、だから立ち直るのが早い。空手の場合は何も持っていないから、立ち直る基準がない。僕がいつも姿勢をやかましく言うのはそこなんです。型は下手でも姿勢は美しくせいと言う。姿勢が美しければ、自然と型も美しくなる。それは力が集中するから。

額が下す即座の判断

座波　それとね、目は集中力を作る原動力を持っとる。ところが目というのはひとつの鏡であって、相手の形を映す。それを判断するのはここ（額）や。目の神経を動かすのはここ（額）にあるから、額、目の間を上げ下げしたらいかん。まっすぐ相手に目を向けておく。これが動いたら目の神経が散ってしまう。目を動かすなというのはみな意味がわかるけど、額を動かしたらいかんというのはわからん。目は鏡、それを判断するのは、ここ(額)にある。目と額と一体となって判断しなければならない。叩かれてから痛いでは間に合わんと僕は言う。叩かれんうちに痛いということを知っておけと。

見た判断をここ（額）でやるというのは、相手の呼吸は目を見ればわかるからです。相手が吐いている、吸っている、それを判断するのが額。相手が呼吸を吸う瞬間に飛び込んでいく。そういうチャンスを作るのがここ（額）。大脳とか小脳とかいうのは、計画的に動く、判断する、そういうためのものやけど、即座に判断するのは額。人間生きていますという証拠はそこにある。

みな目で見たらいいと思っているけど、目はただ映す鏡や。目の神経が大脳に通ずるまでには時間がかかる。だから額で判断せねばならん。額なら相手の右がくる、左がくるというのがすぐわかる。みな話を耳で聞いているからね、額で聞かねばならない。聞く根性がなかったら覚えられない。

宇城　見て覚えるというのはこっち（大脳）のほうですね。

座波　人の型を見て覚えるのはここ（大脳）。大脳というやつは行動力を作る。覚えるのは計画的で行動力を指示する。そういうのが大脳の働き。武道は、小脳と大脳の二つが一体となったら技の敏捷さが出てくる。昔から言うでしょ、あほに空手を教えたら頭がようなると。そういうところを動かすからね。

宇城　やはり一つにならんと。

座波　そう。空手の上手下手を作るのは、そこにある。みな若い連中に言うけど、型は下手でもいいから勢いを作れと。勢いというのは見た瞬間の判断、それが勢いになっていく。パワーじゃない。

受け即ち攻撃

宇城　空手の型というのは、サンチン一つとってみても、いくつかの技が組み合わさって一つの型となっており、技の構成には流れがありますが、これに対し居合の型の場合は単独になっています。空手の型の流れというのは、どのようにしてできたのでしょうか。

座波　居合の型と基本的に同じです。空手の場合はたくさんの技を組み立てたのが型になっている。一つひとつ分類したらたくさんあるが、煎じ詰めれば、突き、受け、蹴りだけしかない。居合も同じ。刀を鞘から抜いて切る、それが基本でしょ。空手も戦いになったら相手を攻撃して倒す、それだけの技や。それだけの技を磨くためにたくさんの技がある。型が多いほど技が多いというのはそこにある。結論的には、居合の「切る」と同じで「突く」、それだけの基本しかない。

空手には受けという「言葉」はあるけど、受けという「技」はない。受けという体勢になったらもう負けや。受けの稽古ばかりやっていては負けてしまう。よく「どうやって受けたら安全ですか」と聞かれるが、受けには安全ということはない。「受けそこない」ということがあるからね。一〇〇パーセント安全という受け技はない。受け技をするのであったら、逃げなさいと言っています。逃げるのも自分を守るためだから、受け。それが本当の受けやと。

宇城　相手の攻撃をこうして腕受けするのは受けではないと。

座波　それは、相手の力をぱっと跳ねとるわけやから、相手の力を跳ね返す攻撃や。攻撃として用いる場合は受けじゃない。受けとして用いる場合は負け。受けが攻撃の中に入ってなければならん。

宇城　言葉に「受け」というのがあるから、受けになる。それはやはり言葉が災いするということでしょうね。

座波　空手は基本的に言えば、突き、受け、蹴りその三つで成り立っているけど、その中でいちばん役に立たんのが受け。切迫したその時点で自分を守るのが受けであって、相対した相手の攻撃を受けるのは間違い。接戦になって切迫して下がれない、あるいは攻撃できないという間合いにぶつかった場合は、やむを得ず受ける。それも相手の攻撃を受けるんじゃなくて、相手の体勢を崩す。それが受け。相手の体勢を崩すということは、相手に攻撃をさせないということだから、それが受け。攻撃を逆流させたのが技なんです。それは受けという言葉に折り込んでいるけど、実際は技なんや。

宇城　受けのあり方、その稽古のあり方にはどういう心構えが必要ですか。

座波　受けの稽古というのは相手の腕を叩き折るつもりでやる。受けじゃなくて攻撃だ。そういう気持ちが受けの力となって出ていく。ぶち折ってしまうつもりでやりなさいと。

宇城　蹴りはどうなんですか。

座波　蹴りは熟練者はあまり使いません。蹴りは相手の攻撃、相手の力を止める意味の蹴りであって、相手を痛める蹴りではない。拳より足のほうが速いから相手の攻撃を止める。喧嘩で足技を使うのは最後や。自分が逃げる立場になって足技を使って逃げる。つまり相手の力を乱して相手の姿勢を崩すために蹴っていく。すると相手は下がるか横へ動くかするから、その隙に逃げる。だから、足技、蹴り技というのは攻撃が目的ではなく、自分に余裕を作るために使う技です。

呼吸

宇城　武術空手の場合、呼吸で力を作るということになりますが、呼吸を型で学んでいく場合、サンチンの型は呼吸を見せますが、ナイファンチンは見せない。両方の呼吸というのは。

座波　呼吸は腹から出るもんだ。しかし空手の呼吸は腹をペコン、ペコンして出すものと違う。腹から絞り出すような感じの呼吸です。その呼吸を見せたら技が見える。攻撃の前ぶれです。空手ではどの型でも攻撃の前に呼吸の前ぶれがある。受けには呼吸がなく、受ける時は呼吸が止まっておる。攻撃の時は腹の力で呼吸を出す。昔の言葉で言えば胆の力。腹を絞る。そこから出る呼吸が身体を締めていくんです。

宇城　それをサンチンできっちりやっていくわけですね。ナイファンチンとかはどうですか。

座波　ナイファンチンはひとコマ済んでから吸い込み、次の型に移っていく。吐くのは長く、吸うのは短く。組手なんかやる時、呼吸が消えた瞬間、相手の力を取って、またはーっと自分の力をぶつけてはーっと吐く。型では呼吸を見せないというのはそこにある。呼吸をはかられるという言葉もある。呼吸を合わされたら人間の呼吸の間合いは決まっとるから、ぱかっときよる。相手が呼吸を入れかえぬうちに、すぐぱっと入っていかにゃならん。その間合いを、つまりタイミング作りを呼吸でやる。

相手の呼吸をはかるのが目。吐く時目じりがだれる。吸う時開く。吐くのは長く、吸うのは短くというのはそういうとこでね、速くやれば目が開くのがわからん。だいたいは目を見たらその人の呼吸をはかれる。

空手を稽古している人たちの呼吸をはかるのは首。はーっとやる時は首が柔らかいが吸うと硬くなる。それは見えやすい。首が硬かったら拳の力がぜんぜん出ない。スピードが出ないから技にならない。首の力を抜いてやれば肩が締まりスピードが出る。人工的に締めるのではなく呼吸で締める。昔の言葉で言えば、奥義、隠れた技や。それを一生懸命説明して教えても、できる人とできん人がいる。

力の抜き方が空手の奥義

宇城　最後は自分で悟らなければいかんということですね。

座波　弟子の型を見て師匠の技を知るというのは昔も今も同じです。弟子の呼吸法を見て、その人の先生の教え方が間違っているか正しいかというのがわかる。力を無駄にする呼吸と、力を効果的にする呼吸とある。ほとんどの人がサンチンをやる時に一生懸命やっているけど、無駄な力でやっている。

宇城　力でやっているということですね。

座波　呼吸をまとめて散らさないように一つの視点の上に乗せてサンチンを稽古をすれば、自然に力がこもってくる。いつからサンチンが鍛錬型ということになったんだろうか。言葉に間違いがある。空手に鍛錬型なんてない。鍛錬と言ったらどの型も鍛錬型や。ところが解釈によって技が違ってくる。

武道では自然の力、自然の言葉を生かすようにしなくちゃいかんね。たとえば「横受け」という決まったことをやってしまったら技にならない。

今は型は同じでも教え方が違ってきている。だから技の分解も違ってくる。一つひとつ区切ってやっている。それはスポーツ的にはいいんだが、武道空手には向かない。

宇城　武道空手として教えきる人がいないから、そういうことになるのではないでしょうか。

座波　僕は自然の動きで型や技をやるという心掛けで型も技も稽古している。自分の力というのをあまり考えたこともない。だから力で技をするというのは、空手の道理に反するのではないかと言う。型はひとつの技の基本であり、みんなからはっきり見てもらえるよう技を出すのが型なんだから、型に力を入れる必要はない。先ほども言いましたが、空手の型を鍛錬する必要はないんです。呼吸のやり方、力の抜き方、そういうのを稽古するのが鍛錬です。

――具体的にそれはどのようにするのですか。

座波　言葉でうまく説明できませんけど、肩をこう中に絞り込む、そうすると肩の力が抜ける、肩の力が抜けたら、肘の関節が自由に動く、肩に力が入っていたら動かない。言葉で言えばそういう感じです。その力の抜き方、それが空手の奥義なんですね。それを伝えていくのも奥伝です。

一つの拳に百様の技

座波　鍛えたから力が倍増する、そういうことでもない。その技を行なうポイント、それをしっかりと把握して理解しておけば、自然にそこから力というのが出てくる。それは力ではなくして、さっき言った勢いです。その勢いが技となって、力となって表われてくる。力というのは目で見えるものと違う。自分の動作で表わさなくてはならない。それを無理にきばって力を出すから、空手が技なしになってしまう。

空手というのは一つの型に百の技がなくちゃいけない。それを言葉でみんな知っていても実行する人がいない。今、あなたはペンで字を書いているね。そのペンに何百という技がある。時には英文で書いてみる、それも一つの技。こういうように一つのペンでいろんな動作ができる。言葉のかわりもできる。空手もその通り。一つの拳骨で言葉のかわりもできる。「なにっ」と拳を握って見せるだけで、相手を押さえつける。一つの握った拳に何十という技がある。それを各自、悟らなくてはいけない。でないと空手の本当の効果はない。

そういうものを悟ってはじめて空手で平和を作れる。昔みたいに戦いの空手だったら平和はない。飲んだら喧嘩、遊んだら喧嘩、そういう時代や。若い人たちが文化的に空手を稽古するようになってからは、空手の道場で喧嘩という話はなくなった。僕らの時分から同門同士の喧嘩というのはない。喧嘩やと聞いたら決まって素人や。素人がいくら力があるといっても、空手をやっとるやつとは動きが違うね。

印象に残っている喧嘩は、空手をやっていない体格が五尺八寸くらいある人と、空手をやっている五尺そこそこの、僕よりもちょっと大きいくらいの人との喧嘩。その大きいやつが手も足も出ない。やっぱり空手を稽古している人はどっか違うなと思ってじーっと見ていたら、自分が先に動くんじゃない、相手の動きに合わせて動いとる。ああいうとこが稽古をやった甲斐があるところだね。

今の空手の試合で相手の動きに合わせて戦っているのを見たことがない。にわとりの喧嘩みたいにやっとるだけや。

宇城　それは剣道でも同じになってきていますね。ビデオでも見たのですが、昔の天覧試合というのは相手の動きに合わせてすぱーっといってますね。先生の言われるような攻撃の時期を見計らって攻撃をしています。今はそれがなくなってきていますね。

座波　昔の人はいくら相手が素人といっても、相手から喧嘩を売られたら、攻撃の時機を見計らってやる。いつもぱんぱんやっとるのとは違う。昔の空手と今の空手の違いはそこにあるね。

――具体的にどのように違ってきていますか。

座波　空手術の時代は技も多いし型もきれい、空手道になってから技がなくなった。型が荒っぽくなってきたと思います。「道」というのがほんとうの呼び方で貫禄あるような感じがするけど、空手術時代のほうが武道家としての人間関係もゆとりがあったかなという感じがします。空手道になってから、勢力争いしているようでね。

宇城　柔道も嘉納治五郎の時はそうではなかったのですが、柔道がスポーツ化した時点で、枠にはめこんで、ルール、約束ができて、結局硬くなっていく。剣道でも同じ。組織の中で世渡りが先行すると、武術ではなくなってくる。

そういう人がどんどん上になってくると、当然技も荒れてくる。試合を最優先しますから、勝てば官軍というやつで、心の修業がおろそかになる。

座波　スポーツだから試合がないといかんけど、試合には勝敗がつきものやから、誰でも勝たねばいかんと思う。それがひとつの目標になるから、技がきたなくなる。それが武術時代の性格と今のスポーツ化した武道の性格の違いでしょう。

宇城　日常の稽古が試合のための稽古になるので、余裕がないんですよね。昔だったら稽古のあと先輩と一杯飲んで反省会をしていた。今はいわゆる試合に勝つことが主体となって、技の深さの話などあまりしないですね。

座波　武道、武術の場合はその場で負けたら一生涯負けや。勝ったやつは一生涯勝ち。スポーツの勝ったり負けたりは、次の試合まで残るからね。ライバルというのはわかりやすく言えば敵、だからいつまでも敵を持って歩いたらいかんのや。

最近の若い人たちは稽古中に試合気分を出して稽古する。それがいかん。倒すため、攻撃するための稽古ばかりをやっとる。だから自分の技というのはぜんぜん見出せない。今まで習ってきた技がかえって消滅してしまう。武道という言葉をもうちょっとなんとか技に結びつくような名称に近づけたらいいね。

空手の心

空手の名前を汚さない

座波　昔の空手と現在の空手とどう違うかと言うと、昔の空手を稽古している人たちは空手を稽古しているというだけで、日常の生活が違うのですね。空手をしていない人と空手をしている人は、三度のめしを食べるのは一緒やけど、人間づきあいとか世渡りのコツとか、完全に違うんです。

素人の人たちは勝手というか、やりたい放題というふうな言葉に近い。しかし空手を稽古した人は、そんなことをしたらかっこ悪いというのが先にくる。空手を汚さないこと、空手をきれいなまま稽古する、昔の空手のどの先生もそういう気持ちで教えた。

さっきも申し上げたように、喧嘩時代でも自分の弟子に喧嘩する人間を作らないようにするというのが先生方の精神訓練だったんですね。そういう昔の有名な先生方が喧嘩したという話は聞いたことがない。喧嘩するのは空手の名前を借りていばっている連中です。

しかし本当に空手を心から稽古した連中は、空手の話を人前でしない。型も見せたことがない。後ろからついていって、今ぼんと後ろから攻撃しようかなと思っても手が出ない、そういう人です。後ろから見ても隙がないんですね。

西荻に魔文仁《まぶに》先生の弟子がご健在ですが、その人が「あんたんとこのお兄さん、後ろから突いていこうと思うんだけど、隙がなかった」とよく言ってますよ。そういうように鍛錬した連中は姿だけの鍛錬でなくして、名前までも鍛錬される。鍛錬した人は後ろから突こうと思っても相手に突かせない。名前にこだわってしまう。やるんだったらそのぐらいやらなきゃいかんと昔からよく言われていました。

僕の場合は、自分の名前を売るのではなくて技を作り出すのが決め手みたいなもんです。だから僕の名前は空手界で出ていない。その代わりどういう人の技でも、どんな難しい技でも説明できる。どんな上手な空手家や武士でも、その人を見てどこに隙があるのかわかる。それが僕の特徴です。

宇城　こういう話が「武術」なんです。突いたり、蹴ったりだけの空手ではこういう会話にならないんですね。これが深さであるし、その歴史が本物であるということですね。それは生き方にも結びついてきますね。

頭に刺激する言葉を使え

座波　僕はね、よっぽどでないと弟子にうまいという言葉は使わない、「今日のはちょっと良かったな、今みたいな形を忘れたらいかんぞ」と、それだけや。誰でも褒められたら気がゆるむし技が崩れる。生きている人間の当たり前の頭脳です。そういうのを計算に入れて褒めなくてはならない。

たまには「だいぶ上手になったね」と言う。「でも満足するほどの上手じゃないで」と付け足す（笑）。そうすると聞いた耳の勘が頭を刺激する。言われた瞬間、目が違う。それだけ頭に刺激を受けている。なんでも僕は一つのことをものにたとえて言うほうでね。たとえば拳、拳骨、ふつうの人はこういうふうに握る。「猿が柿をちぎっているような形やなあ」と言うんです（笑）。人間の拳骨は締めてはじめて力がつくんであって、「この握り方は柿をちぎるくらいはできるけど、物を持ったらそういうことはできない」と。

そういうふうに言葉を変えて刺激する。だから聞いた人間はよく覚えるんです。冷やかされたら人間は頭がかっとなるでしょ。頭に影響する。頭に刺激させせんと物事は覚えられません。だからしょっちゅう怒られていたほうがおまえら得やと（笑）。

宇城　先生の言葉は残るんですよね。左と右と両方使わねばならないのに、片手だけでやっていると「いらんやったらタンスにしまっておけ」とか、「ただ受けるだけの受けは、郵便受けと同じ」とかね（笑）。そういう言葉をいろいろ教えていただきました。

座波　言葉の形容詞というか、そういうのは同じ意味であっても違う場合がある。ニュアンスというかね、意味は同じでもニュアンスの違いが出る場合がある。そういう時は言葉を使い直してやる。

言葉というのは消耗品ではない。空手の先輩たちによく言われました。「縄のきれっぱしは使えても、言葉のきれっぱしは使われへん」と。言葉のきれっぱし、つまり誤解を受けるようなものの言い方をしたら通用しないということです。

わかりやすく言えば嘘を言わない。嘘を言ったら通用しない。その場は嘘でしのげるが、それが二時間、三時間、明日、あさってになれば、ばれる。だから縄のきれっぱしは使えても嘘は通用しない。そういう古い戒めの言葉を先輩たちがよく後輩たちに聞かせてくれました。

自分の考えで自分の言葉を作る

宇城　空手をやっている人には昔から自分勝手に生きない、そういう戒めがあったからですね。

座波　自然というのがいちばんこわい。自分の心が自然に生きることができるかどうかが大切なんです。

世の中の人間には作り事をやって、その場を逃れるのが常識みたいになっている人がいる。国会議員でも、明日には言葉が変わる。その場その場を逃れるのが、現代人には当たり前みたいなことになっている。武道であったらそれは通用しない。今日言ったことと、明日言ったことと同じでないといかん。これが武道、武術家であるということ。

僕はよく空手には理屈はいらんと言っています。空手には質問はいらん、理屈はいらん、と。「あなたが今考えていること、それがあなたの自然のことやから、それを自分の心で理解できるように発言しなさい」と。「こうである、ああである、というように理屈はいらん、もうちょっと考え直しなさい」と僕は言うんです。

理屈をつけたらいくらでも理屈はつく、理屈と膏薬はどこでもひっつく、と言ってね（笑）。理屈には終点がない。空手には理屈はいらないから、自分の考えているその気持ちが自然の成果を得たらそういうように解釈しなさいと言っているんです。「人の話を聞いて、自分の考えを作るのは理屈になるから、やめとけ。自分の考えで自分の言葉を作りなさい」と。それは難しいですよ。

宇城　まず習う、習ったら覚える、覚えたら真似る。素直になって身体で学ぶということだと思います。それに理屈をつけていたのでは伸びていかないということですよね。

座波　型は、見て覚える人もいるし、教えて覚える人もいますが、頭の良い、身体の動きの良い敏感な神経を持っている人は見て覚える。言葉で言わんでも、教える人の動きを見て言葉以上にわかる。だから力で教えるんじゃなくして、わかりやすいように教えなさいと。それが僕らの先輩たちの教えだった。

僕の弟子は僕の言葉の通りに稽古している。音楽の指揮棒を持っているのと同じ。指揮する人がわっとやったら、わっと叩く、ああいう感じ。そこはぐっとやりなさいよと、締めさせる。ふわんとやんなさいと言うとふわんとやる、型をのびのびとやる。型は力でやるのと違う、型は動作でやんなさいと。

空手の言葉に「はずみ」という言葉があります。技のはずみ、力のはずみ、このはずみはいろんなものに使える。その「はずみ」をつけるようにしなさいと言います。歩きながらでも、「はずみ」という感じが出る場合がある。はずみをつけて型をやる。勢いでやりなさいと。空手に勢いがなかったら空手にならないですよ。力では誰でもできるが、技に勢いを作るのが難しいのです。日常の心掛けさえあれば、はずみも勢いも出る。これはいくら有名なせりふでも教えられません。

師弟愛があってこそ技は伸びる

――教えながら先生が学ばれることというのはありますか。

座波　そうね、空手を教えるというひとつの時期でも自分の稽古は怠ったことがない。教える稽古と自分の稽古は別。自分の稽古の通りに生徒に教えても通用しない。だから自分の稽古は自分の稽古。学生に教える稽古は大衆的な稽古。そうやってはっきり区別していました。

しかし僕は今でもよく言いますけど、弟子に教えながら僕の技の六〇パーセントは弟子から習っておる。だから弟子が上達するほど、僕の技が増えてくる。それが僕の目標であり、楽しみなんです。

もう一つの僕の目標は弟子を出世させること。いつのまにか師匠より上手になったなぁというような弟子になれと言っているんです。

指導者と弟子の関係は、僕は非常に重要に考えているけど、現在の空手の先生たちはそういうのをあまり考えていないね。僕に言わしたら現代空手の欠陥はそこにある。弟子と先生が一心同体というのは昔の言葉だけど、先生が弟子をかわいがらんことにはほんとの師弟愛というのはできない。師弟愛ができてこそ技が伸びるのであって、それは師匠の心掛けなんです。

師匠が弟子は弟子だと考えていたら、弟子も師匠は師匠だとただそれでけりをつけてしまう。それでは子弟には本当の技のつながりができない。

子弟を育てるには、まず自分がその子弟の保護者にならなきゃいかん。それが僕の希望であって、考え方です。僕の弟子で、こらぁーおまえはと言われるような弟子は一人もおらん。そうだと思うんですよ。弟子のみんなに聞いてみなければわからんけど（笑）。

宇城　今年宮崎大学空手部は五十周年を迎えましたが、ますます会がまとまってきています。五十周年を記念に、ＯＢでもまた稽古にくるようになった人もいる。それは座波先生のそのような哲学、理念が心道会会員に伝わっているということだと思います。

座波　僕の面前で僕を批判する弟子はおらんけど（笑）、僕はいつも思う。百人の弟子があったら必ず二十人、三十人は反逆している。十人弟子がいたら、三人は反逆している。それが当たり前やと。百人いて百人が「はい」では、その人の技は大風呂敷と一緒で、はったりであってね、その百人のうちで三十人の反逆生がおったら、その門弟はみんなしっかりしていると。反対派が批判してはじめて正常な理解が作れるんです。二〇パーセント、三〇パーセント反対する人がいて、その値打ちがわかってくる。だから反対する人もいなきゃいかん。みんな賛成ではいかん。そういうのが僕の解釈なんだけどね。

宇城　先生はすべてを読んでおられる。先生崇拝になっていると、次の世代になった時にがたっとおかしくなる。しかし先生の場合はものすごく民主的で身近に接することができ、信頼関係があり、みな先生のことを尊敬しています。

座波　それはね、いちばん幸福感というか満足感というのを感じるのは、今も申し上げたように師弟の愛情。松山君や宇城君らが僕のかわりになってくれる。それだけは自慢できる。この人たちがいなかったら、自分が直接やらなきゃならない。弟子そのものがついてこない。松山君や宇城君らが僕の右腕左腕になってくれるから、みんながついてくる。そういう点は強い。

そういう師弟関係を作るというのが師匠の務め。師匠というのはただ技を教えるばっかりが師匠ではない。徹底的に相手が納得するように教えていくのが師匠なんです。技が中途半端だと自分に自信がなくなり、それができないのです。

――技に裏付けのある師弟関係だけに、絆が強いのですね。

宇城　先生はどんな質問しても全部答えられるという器だから質問ができる。それがないと弟子は遠慮してしまう。それは先生の空手に対する自信と先生のお人柄に対する信頼関係だと思いますね。

座波　技ばかりにこだわって師弟の状態を見極めることのできない師匠は指導者として値打ちはないと思いますね。もちろん技にこだわって技を教えるのが指導者だけれども、世間並みな人間を作りながら技を仕込んでいく。それが本当の師匠、本当の指導者であると僕は思うんです。

そういう意味においては、弟子を一人ひとり批判したこともない。あるいは褒めたこともない。言葉が古いもんだから、わからんような言葉を発することもあるけど、弟子が慣れているからよく解釈してくれる。そういう師弟の間にならんと、本当の伝統的な技というのは作れない。

しかしいくら伝統的な技といっても、その時代時代の指導者によって変わっていく。また変わっていかなかったら値打ちがない。時代によって技も変わる。時代によって組織が変わっていく。そしてはじめてはっきりした空手の会派になっていく。ただ一代で名を売って一代で技を売るという師範は、まず長持ちしない。二代、三代おいて技というのは世間に広がるものであって、一代でその人の技が世界のすみずみまで浸透したということはまずない。有名な先生でも三代、四代はかかっているのです。

松村先生の首里手が一般的に普及されたのが大正の末期から昭和にかけて。宮城長順先生の剛柔流というのが世間的に名が売れたのが大正の暮れから昭和の時代。ですから年数を重ねないことには、技というのは成長もしないし、発展もしない。年数がいかないと値打ちが出ない。値打ちというのは過去のあり方が長い時間をかけて出てくるものです。個人としても修業する時代は長くなくてはいけません。現時点で有名な先生は、その先生が亡くなったら名前はなくなるんです。

この技を枕に

――現在の心道流につきまして、ひとこといただけますでしょうか。

座波　心道流にはまだまだ満足していません。心道流そのものの本質を表わして稽古している人もいるけど、それはほんの一部。あとはまだ流行感冒にかかったような、熱を出してうわごと言っているような感じ。全体的に言って心道流の空手の中に隠れている技、それを表に出してくれる人がまだ少ない。型の中に隠れているものをそのままで稽古している。それでは型の値打ちがない。型を早く形に変えて自分の技を作る。そういうふうな心掛けがないと。幸いにして心道流の場合は何人か形に変えて稽古している連中が出てきているから、僕もやれやれと思ってますが、でもまだまだ人数が足りない（笑）。

宇城　武術としての空手の層を厚くしないといけないということですね。

座波　それをしてくれるのがこの人たちです。それが僕の最大の願いです。早く型の中にある技を引っぱり出して自分の技にしてくれるよう、そういうのをはっきり稽古場に持ち出して自分の技を披露するぐらいにならなきゃいけない。

自分一人で発見して、自分一人でやった場合はなにも技になりません。それを人に発表して、個人個人、技の経過を説明して、はじめてその型が生きてくるんです。型から形に変えてやっている人たちに望むのは、早くそこまで発表するように心掛けて後輩を仕込んでもらいたいということです。

僕はもう年齢的に指導する期間はすんでしまったから、若い人たちに僕の技を一部だけど譲ったような感じです。その一部分を譲られて、一部分を基本にして自分の型を乗せていってもらう。それが昔の言葉で言えば、「これを枕に」ということ。僕が教えたことを枕に自分の技を乗せていく。そういうふうにやらないと若い人たちも稽古した値打ちがない。自分の稽古を値打ちづける意味においても、そういう努力は必要なんです。

悟るということ

宇城　たとえば組手をやっている時、「これだ」と思う瞬間がある。あの時先生はこうしていたとぴっとわかる時がある。そこを手掛かりにしてまた型をやると、先生のどこに近づかなければいけないか、課題が出てくる。先生の突きのあの瞬発力はどこからくるのか。脇、肘の締めとはわかっていても締め方が違う。部分からではなく全体がわからないといけない。だからあとはひたすら稽古する。

座波　宇城君の場合も、初歩の頃は試合中心に稽古していたからそうでしたが、必要のない時にぐっと呼吸が止まったり、呼吸を吸ったりすることがある。呼吸で力を作るんであって、身体で力を作るんでないから、力を作る時にうぅっと呼吸を締める。それがなんでもないとこで締める場合がある。そういうところがあった。

現代空手はそれで通用するけど、武道空手になったらそれでは通用しない。相手の呼吸をはかって攻撃するのが武道の心得である。相手の呼吸を止めている時に突っ込んでいったら逆にやられる。吐く時か吸う時か。そこをはかってやれば無駄がない。

スポーツ空手の習慣をつけている人たちは型の途中でやたらに呼吸を自由にやっている。だから身体が浮いたり、拳が流れたりすることが多い。

宇城君の場合、最近はやはり武道という気持ちが出てきた。正面に立っていて隙がなくなった。後ろから歩いていっても隙がない。それだけ武道の心得が身についておる。だいぶ成長したなと喜んでいるけどね。

宇城　呼吸がいかに大事かがよくわかってきたんです。相手の動きが読める。瞬発力の突き、柔剛の身体を作るなど、どれ一つをとっても呼吸が伴ってはじめてできるということが。

座波　そういうのがわかるとそれが悟りになる。やっぱりどういうことにも悟りがなくてはね。道を歩くにも悟りがなくては絶対歩くことができません。右足が上がったら左足が下りる、交互にやると歩ける。そういうことを理解するのも悟りなんです。

ですから呼吸でもはっと吐き出したら静かに吸う。勢いよくわっと吐き出したら、吐き出した呼吸を吸う時は軽く吸う。吸う時に勢いがあったら吐く時は軽く吐き出す。でないと力が一緒に流れてしまう。吸う時はすっと短く、吐く時ははっと長く。自分の呼吸で散らない。それが武道の呼吸の心得です。居合でもそうなっていますね。鞘から刀が離される瞬間、ぱっと圧迫される。でないと剣が走らない。

そういうことが居合を見せてもらったからわかった。僕は見逃しはしません（笑）。見た以上は何か修得しなくては納得しない。

宇城　だから先生の前ではいいかげんなことができない（笑）。

空手の心　戦わずに勝つ

――先生のお話は空手だけでなく、あらゆる武道に通じますし、また武道だけでなく、仕事、教育、生き方すべてに通じることだと思います。

座波　武道ということにあてはめてお話をしていますが、話は全部分解していったら、いろんなところに通用する。そういうのが空手の本当の話術であり、心なんです。

空手に心というのはいちばん大事な問題。空手に心がなかったら空手にならん。僕がよく言う「型は美しく、技は心で」。心というのは、どんな名医でもどこにあるかわからんし、あるかないかも傍ではわからん。しかし空手をやる人は心という言葉があるんやから、そのイメージを生かすように、技を心でやって相手に攻撃されんような、常に平和な心を持つ。それが空手の心。

戦って勝つのは誰でもできる。しかし戦わずに勝つというのは心の勝負であって、力の勝負ではない。日常の行動、人に憎まれんような行動で生活しなくてはいけない。そうしたら自然にあとの人が尊敬してくれる。尊敬してくれたら敵がない。それが戦わずに勝つということ。

戦わずに勝つという心掛けが本当の空手、本当の技を編み出す原動力になる。今の人にはそこまで説明すれば、「ああそうですか」とわかるけど、その修業が長い。戦わずに勝つ行動は大人になってから気がついたんでは遅い。年齢は二十歳でも三十歳でもいいけど、空手を稽古し始めるその時点から、戦わずに勝つという心掛けを身につけないといけない。

宇城　先ほど先生が言われましたように、松村先生でも松茂良先生でも、ぎりぎりまで耐えてやむを得ずというのがその心なんですね。

座波　やむを得ず戦うのは一応護身術になるわけだが、「やむを得ず」という言葉を誰が見出すかということが大事や。証明する人がそれを「やむを得ず」と見てくれるか。それを悟って証明してくれれば、それは言葉通りの護身術になるやろけどな。しかし悟ってくれなかったら、ただの喧嘩や。あの有名な空手の先生が素人を叩きよったとなる。護身術という言葉は非常に難しい。それはやっている人でないとわからない。

宇城　知花先生のエピソード（四三頁参照）の中で頭を下げたという話がありますが、それも、戦わなくても勝ちが見えていたわけですね。

座波　さすがは知花や、あんだけ有名な名前を持ちながら道の真中で乱暴者に喧嘩を避けるために土下座した、やはり武士は修業せねば、と。だから戦わずして勝ったわけや。相手の人が勝ちどきを上げてくれた。ただ、その場合でも周囲に誰もおらず頭下げても相手が許さなかったら、あるいはやるかもしれん。しかし相手もたくさんいる周囲の人たちの手前、有名な人が土下座したというだけで、それ以上手が出ないわけや。

宇城　やはり自信があるから、そういうことができるということですね。

座波　そうです。自信があるから自分から喧嘩を売って出ない。

宇城　それが修業ということでしょうね。

座波　そういうのが僕の言葉の中にちょいちょい出てくる、自信持ってやれと。結論的に言えば、自分に自信があると同時に相手をある意味においてかばっている、ある意味において尊敬している。人間として同格に計算しておる。そういうところからも喧嘩がなくなる。それは修業の効果でしょうね。

弟子も自分も一緒に稽古

宇城　本物の弟子を作るという点では少人数制になりますが、片方では広めていくということがあります。先生は空手の普及ということをどう考えておられますか。

座波　教える人の能力の問題もあるけどね、教える人が自分が教えているという意識で弟子を養成したら、絶対自分よりすぐれた弟子は出ない。自分も一緒に稽古するんだという気持ちで弟子を養成しなければならない。だから僕は僕で若い時分は一緒に稽古しようとよく言った。

稽古というのは自分も一緒にやってはじめて稽古という言葉に合う。弟子だけやるのは稽古じゃない、習うこと。弟子がいつまでも習うという感じで稽古していたら、いつまでも自分の技が出ない。だから教える人は、弟子も自分も一緒に稽古している気持ちで弟子を引っ張っていけば、自分よりすぐれた弟子ができる。それが僕の空手の目標、信念と言うかね。

宇城　教えると習うという関係ですが、なかなかその殻から抜けられないのですね。

座波　教える人がいつまでも教えるという気持ちでやったら習う人は習う殻から抜けきらん。だからある時期になったら、その弟子たちに対し「教える」という気持ちも仕込まなければならない。自信を持たせなければいかん。そしたら自分は引っ込んで、その人に稽古を指揮させる。誰もいなくなってからその人を仕込む。人の前でやっても反発心があるから覚えない。一対一になった時にやる。武道というやつは敵愾心《てきがいしん》が旺盛なやつがやるからね。なんぼ師弟であっても人の前で欠点を言われたらかーっとなる。そこのところを教える人は考えておかなければならない。

剛を柔で返す

座波　さっきの言葉に戻るんですけど、戦わずに勝つ。戦わんでも、自然に言葉のやりとり、話のやりとりができる。しかし誰かがあのやろうという感じで聞いておったら、自然に言葉が荒れてくるし、嘘が入ってくる。正直な技も出ない。そこが世の中の難しいところ。空手の難しいところもそこにある。

空手の心と世の中の行動と同じである。立場は違うけど、中の動き、意味もやり方も一緒。趣が違うというだけです。世の中、あるいは空手の心、武道の心、何も難しいことはない。みなそれを履き違えてやるから難しい。

ぱちんと殴られて「なんやね」とやるから喧嘩になる。ぱちんとやられたら、「あんた、やめとかんかい」と言えば喧嘩にならん。剛で受けて剛で返しよったら喧嘩になる。剛できたのを柔で返せば喧嘩にならん。相手が力で押してきたら柔で受けたらいい。

――そういう行動が自然に社会の行動に出てくるには、修業ですよね。

座波　僕の空手がそれなんです。相手の攻撃がいつも剛と計算している。それをいかに柔で受けるか、それが研究の中心になる。すると柔でも受けられるような技を自分が自然に見出していける。剛できたのを剛でやっていたら、いつまでも剛と剛の戦いや。

嫁はんがかーっときたら、なにっ、とやっとったら夫婦喧嘩になってしまう。なんやね、というくらいに言えば、別に夫婦喧嘩せんでいい。剛と剛がぶつかったら喧嘩になる。相手が剛できたら柔でやる。それが武道であり、世界を制覇する。

柔と柔はだらしがなくなり、だめ。だから、柔なら剛もなくちゃいかん。ある時は柔になり、ある時は剛になる。それが人間の生活の基準。

それからおとなしいばかり、「はい」ばかりでは向上心がない。ある時は反発する剛も必要です。相手次第でね。それが「見る力」にある。空手の要素はそこにもあります。

空手の場合、体験を積んだ人は「見る力」があるけど、道場の表をオートバイで走ったような人には見る力ない。

——その「見る力」をつけるのは早い時期であればあるほどいいわけですね。

座波　「見る」というのは言葉は簡単だけど、僕はレントゲンみたいにその人の頭の芯まで見えるんです。この人の頭は二〇パーセントやなとか。めったに一〇〇パーセント、頭のいい人おらんけどね、誰でも自分がえらいと思っている。だけど傍から見れば八〇パーセントくらいしかない。本人じゃわからない。それは見る人が評価する。合わないところもある。そういうところを気にしたら喧嘩になる。お互いが欠点を補ってやる、つまり他尊自信、他人を尊敬する。お互いがそういう気持ちにならんと武道は成立しない。

宮本武蔵みたいに、行くとこ行くとこで喧嘩しよったんでは、武芸者であるけれども武士ではない。それと一緒で、行くとこ行くとこで自分の空手を自分で評価しよったら、自分の空手の値打ちがなくなる。傍が評価してくれるように行動しなくちゃいかん。それが本当の空手家や。

蹴ったり突いたりするのは空手の基本だけど、現実に蹴ったり突いたりするのが技であると考えたら間違いです。蹴ったり突いたりは素人でもできる。空手を念入りに稽古するというのは、蹴ったり突いたりしなくても、自分に自分を守るだけの精神的な余裕がなければいかん。それを作るのが空手やと。

だから、自分を助けるためにどうすればいいかというのは、それはその人その人によって考えが違うけど、まず最終的に考えてみれば、普段から喧嘩をしないように行動すること。人に信用されるような、信頼を得るような人間になること、それが空手の絶対条件やと私はよく言うんです。

宇城　沖縄古伝空手の精神「守禮之邦」そして心道流訓「他尊自信」を肝に銘じ精進していきたいと思います。

――ありがとうございました。

第三章

武術空手の技と心

――座波仁吉・宇城憲治――

座談録

―座　談―

座波仁吉　八八歳
宇城憲治　五三歳

（取　材）二〇〇二年十月十二日
　　　　座波宗家ご自宅にて
（聞き手）編集部

型には加齢による変化はない

宇城　現在先生は数え八九歳でいらっしゃいますが、年を取られて変わったことはありますか。

座波　自分でもわからんよ､どこがどう違うか。ただわかることは型やってて伸びたり座ったり、ああいう動作、立ち上がる動作が鈍くなった。こういうことは自分でもわかるけど、型というのは自分では変化してないように感じる。傍で見てもらわんと、わからんわけや。

宇城君らが在学中に時たま型の演武をしたけど、あの時のわしの型を見て覚えとる人だったら今見てもわかる。あの時はまだ五十そこそこやから。あの時分の動きを見た人やったら、ここが変わってきたなというのがわかる。

極端に変わったなと思わないけど、立ったり座ったり屈伸したり、これは自分でわかる。型の移動、方向転換、ああいうのは自分ではわからん。

宇城　型の中の呼吸とか、そういうものは変わらないですか。

座波　そういうのは変わらんと思うね。

型は、立ったり座ったり方向転換をやる。そこだけ動作が鈍くなる。つまり身体のバランス、それが崩れるから自然に鈍くなる。だから動作が鈍くなったと言うよりは、バランスが崩れたと言うんじゃないかな。セイサンあたりには、立ったり座ったりはないから変わってないと思うけど､それは思うだけで､変わっとる。と言うのは､足幅が一定でなくなった。長くなったり短くなったり、こういうのは自分でもわかる。

だから全体的に言って自分で評価したら動きが小さくなったということ。そこの違いであって、技の変化なんかはまだ狂ってない。

宇城　知花先生は若い時と年を取られた時とでは変わられていますか。

座波　おおげざに言うほど変わってないけど、型を見て足幅とか型の角度とか若い時分よりだいぶ変わってる、狭くなってる……そういうとこが、やっぱり年かなあと思うね。

型を形に変えて自分の技となる

座波　真似してやれるのは技じゃない。あんたらが見て真似てできないから、わしの技や。それを解読してやれるようになったら、あんたらの技。空手の技というのは個人個人みな違う。だからわしの技はこういうもんですと言っても空手全般に通用するもんと違う。身体の形が変わったら技の形も変わる。力の持ちどころも変わる。だからわしの真似は絶対できない。真似できるようやったら技じゃない。基本やったら真似できる。真似できないのが技。

だから一つの道場で十人稽古して十人ともおんなじ技教えて、おんなじ形でやれるかというと絶対やれない。十人みな違う。動く形は一緒でも、力の持っていきどころ、動作のポイントはみな違う。それがその人その人たちの技。

宇城　それが型から形へということですね。

座波　そうそう。だから形に変えんことには自分の技というのは出てこない。しかし基本はみ

「体かわし受け」

「手刀下段払い」

知花朝信先生　パッサイの型より

な同じ、同じでないといかん。しかし技やったら個々にみな違う。

宇城　先生がいつも厳しく言われている、自分の形にせないかんということですね。

座波　形が似とるから同じというのは素人考え。形が違う技というのはぜんぜん我流であって、稽古の積んだ先生は基本的にやるから、形はほとんど同じ。同じやけど体格によって力のバランスが違ってくる。

僕みたいに小さいのが大きいのを真似しようと思っても、真似はできるけども大きい人の持ち味は出せないし、また大きい人の技は取れない。大きい人は小さい人の技を取ろう思ったら、やっぱり取れない。これは基本から真似できない。空手は小さいほど得というのは、ここにある。

たとえば相撲取りみたいのに僕らの技を教えてもできない。ああいう人たちは力をあてにしとる。小さいやつは力がないから技を自分で見出してその技でやろうとする。そこに力でやるのと技でやるのとだいぶ違いがある。空手は力は小さいほどいらなくなってくる。大きいほど自分の力を頼ってくる。こと空手に至っては大きいほど損。空手というのは動きと呼吸。

呼吸だけで技やるけど、動きがないと助けられない。たとえば相手の手をぱっと握った瞬間、腰をかくっと捻るだけで相手の力を取ってしまう。それをもたもたしとったら、向こうにやられてしまう。技をかける瞬間に身体の捌きでやる。それが小さい人の技。

大きい人は握っとってもたもたする。それで力勝負になってくる。柔道がそれ。柔道はこう握っていて技のかけ合いをする。力の強い相手が勝つ。空手は力でないから、動きと呼吸のうまいやつが勝つ。呼吸だけで力を作るんだから、自分の身体の動きは相手の力を崩すための動き。

スピードある拳は呼吸で作る

座波　自分の力は呼吸でやる。「はっ」という瞬間に技をかける。「はぁ〜っ」と言っとったら技はかからん。そこが呼吸法。

その呼吸のやり方を教えておるのがまずサンチンやけど、現在の人たちのサンチンは呼吸になってない。あれでは力を無駄にしとる。呼吸の止め方をよく説明しとるんだけど、それができない。「はぁ〜っ」になってしまう。呼吸の切り替えができない。たとえば攻撃は、「はーっ、はっ」。それを最近の空手の練習では「はぁ〜っ」とやっとる。僕らの武術時代の空手では「はっ、はっ」。その瞬間に相手を倒す。それは呼吸でやるんであって、力でやるんじゃない。

昔の武術空手は「はっ」。呼吸の始めで相手の力を潰し、それで致命傷にする。今の空手は急所に入ったって致命傷にならん。武術空手は呼吸の圧力で拳を出す。だからスピードがある。スピードがあるから効く。今の空手は力はあるけどスピードがない。そやから効かない。空手はスピードで勝負する。スピードのない拳はなんぼポコンポコンやっても、効かん。スピードのある拳はかすったくらいでも中にひびく。

呼吸というのは自分が決めてやるんじゃなく、自然に出る。自分が意識して作ってやりよったら呼吸にならん。たとえば歩いとったら自分の呼吸がわからん。自分の足に呼吸が合うてくる、これが自然。技も呼吸もそれといっしょ。自然に出てくるのが自分の動きを助けてくれる。

それから空手の呼吸は吐く時点で吸い込む、「はっ、すっ」というように。そうするとその次に技に移れる。「はぁ〜、すぅ〜」ではいかない。空手の呼吸は吐くのは長く、吸うのは短く。それが腹の中に重畳《ちょうじょう》しとる力や、逃げない。はぁ〜とやると逃げてしまう。それが呼吸。「はっ、すっ」の呼吸が意識せんでも自然に出るようになったら、立派な空手や。そういうふうに心掛けて稽古しなくちゃいかん。それが呼吸の稽古法。

たとえば一つの投げ技にしても、「はっ」と言った瞬間に相手は倒れとる。自分でもどうして倒したかわからん。

と言うのはさっき言った呼吸の圧力。「はっ」とやるだけで何も触ったつもりはないけど倒れとる。そういうのが技。だから技というのも心というのも、形がないから説明が難しい。傍で見ていて理解してもらわんことには、わからん。投げる人でもわからん、どうして投げたか。投げる瞬間、どうやったかわからん。相手が倒れたその時点で、「あっ、投げたな」というようなもんや。そういうのが技。形はあるけど説明する基本がない。

技と心は説明できない

座波　心もいっしょ。善と悪、二通りあるけど、どっちが善かどっちが悪か、判断つかん。人を叩いたから悪い。と言って叩かれても悪いやつはおる。心というのは、どこまでが善でどこまでが悪か、そういうひとつの形の手法がないからわからん。だから見る人の見方で違う。心と技というのは非常に難しい。

しかし、空手はまず空手をやる人が自分で心を作る、「型は美しく、技は心で」。「あいつ悪いやつや、やったれ」というのは心が命令する。「あいつはかわいそうだから助けてやれ」と心が命令して助けてやる。心の命令でその人の行動が表われる。そやからどっちがいいか悪いかは言われない。一つの基本的な資料がない。その人その人によってみな違うんだから。十人そろうて十人に褒められる人は絶対おらん。十人そろって六人まで褒められたらええほうや、善人や。だから技と心というのは形容詞もないし、基本もないから、その人その人の考えを解釈のしようで運用してるわけや。形がないから説明ができない。

空手の型は、型があるから説明できる。型を形に変えたら堂々たる技になる。そこが空手の便利なとこで、またいいとこや。

型の順序を覚えるまでの一定の期間は簡単。ところが型から形に変えていく、そこがかなり難しい。そこらから個人個人の研究能力、自分で見出さないかん。何十年空手を稽古しても、自分の技を作れない人がたくさんおる。そういう人たちは何のために空手やったかわからん。ただ形だけの空手をやっとる。

空手をもうちょっと理解して、空手の深いところを探る、これが技の悟り。その悟りが掴めんかぎり、技の解明はできない。人の話を聴いたり、先輩たちのやってるのを見たり、それだけでは技の悟りなんて得られん。自分がやってみてはじめて、「こういう技はこうなるんだ、こういう場合もある」。型から形に変えていけばそういうのが出てくる。それが自分の技。

型の稽古は漠然とするな

——以前、先生は型の順序を教えてもらったら、仕上げるのは自分で、とおっしゃっていました。つまり型の中の技を自分で引き出すと。

座波　さっき言うたように、型を形に変えんことには、その技は出てこない。型を形に変える。それがあんたが知っとる型を分解的に技に変えてやってみたら、自分の技がそこに出てくる。それがあんたの技。その技を生かしていけば、あんたの組手の十八番になる。そういうふうに作っていく。それを見出すのが型から形。形に変えることが空手の最大の条件。言葉にしたら解釈が難しいかしらんけど、実際にやったら簡単なもんや。

ただ言えることは、その型がその人の身体に合うとるかどうか、正式にその人が型を稽古したかどうか、そこに問題がある。中途半端に型を稽古しとったんじゃ形に変えられない。だから形に変えられるようになるまでには、相当型をみっちり稽古しなきゃいけない。そしたら自然に形に変わっていきよる。

宇城　そこなんですね。そこに気づく、型が気づかしてくれる。先生は「型の稽古は漠然とするな、それでは何十年やってもいっしょやぞ」と。それは型をやる心構えであり、それ以前に空手をやる心がないと、ということですね。

座波　簡単なようで、また難しいけどね。形に変えることばっかりにこだわったら、今度は自分の型が崩れてしまう。

宇城　よく形を型の中に取り込んでしまって、型自体が崩れてくる場合が多いんです。型は原点だから絶対変えてはいけないということですね。

座波　型を見とったらいい。よくわかる、どういう変化があるか、どういうふうに形に変えるか。分解という組み合わせができとる。空手は型をやって型を分解して、それで技になるという段階がある。その段階を踏まないことには、本当の自分の技というのは出てこない。

道と技の両立とは——他尊自信

座波　よく言うんだけど、空手は芸術であり、その芸術から生まれてくるのが技である。つまり技術、それから進んで「道」になる。

空手道というのは、ひとつの空手の道。「空手道」でなくちゃいかん。空手道があればこそ、武道家としての愛情、情け、遠慮、礼儀が生まれる。この礼儀が道なんだ。だから空手道という道もなくしたらいかん。だけどそれだけにこだわってしもうたら、技がなくなってくる。どっちも両立さすようにふだんから心掛けて稽古しなくちゃいかん。

というのは、その時点時点に道を使う場合もあるし、技を使う場合もある。それはやる人の解釈の問題。こいつやったろと思ったら、道にはずれる。こいつ助けてやろと思うたら、自分がやられる。そこはその時点で自分自分で判断しなくちゃいかん。

いちがいに武道と言うけど、武道すなわち護身術。護身術という名前はきれいやけど、結論はやっぱりやらにゃいかん。投げてほったらかしてそのままやったら、起きてきてまたやりよる。護身術なら二度と攻撃させないように、投げたらばかーんとやっとかないかん（笑）。

武道というのは、そんなもん。相手をやらんことには自分がやられる。自分がやられるから相手をやる。それを一般的には「護身術」と奇麗な「お名前」を付けとる。付けとるけど実際は格闘なんや、格闘技で勝たんことには、護身術にならん。

その格闘に勝つためには、やはり技を稽古しなくちゃいかん。技を稽古するいうたら、型を形に変えて自分の技を作り上げる。

自分を護るためには空手が一番いいと、簡単に言うけど、空手でも実際には攻防がなくちゃいかん。勝たなくちゃ護身術にならん。勝つためにやらなくてはいかん。それをやるためには、「戦わずに勝つ」。その精神がないと、自分を護ることができない。

「戦わずに勝つ」のは、簡単であって難しい。まずわかりやすく言えば、自分の日常生活から人に尊敬されるような行動をとっとかんと、攻撃を押さえることができない。社会的に信用があって、社会的に評価された人物に、闇討ちなんてない、戦いというのがない。何にもしないでも尊敬される。

自分の信用を作る。それが他尊自信の基本。「戦わずに勝つ」ような空手家にならないかん。なんぼその人が技が達者でも、ふだんから百戦百勝という人でも、日常の行動で憎まれたら、いつどこでやられるかわからん。だから日常の行動が護身術の絶対の条件。それがひいては武道につながっていく。それが護身術になる。

見ると眺める

宇城　型から形にする時に分解組手をやりますね、そのポイントはどこにあるのでしょうか。

座波　あれは基本であって、型から形に変える基本。だから自分で研究しようとなれば、あの基本を弟子にやらせて、やったのを自分が見る。見て弟子に教えて、弟子から習うというのはそこにある。

型というのは、誰でも稽古したらすぐできる。ところが技というのは、その型を形に変えんことには、技は出てこない。みなさんがやっている分解は、あれだけで終わってしまう。あれは技じゃない。技の基本なんだよね。こういうようにやりますというひとつの基本であって、その人の技じゃない。技というのは、傍で見とってわからん。傍で見とってわかるのは基本。技だったら自分でもわからん。意識でやるんやったら技じゃない。姿があるから意識する。姿があるから基本になる。技というのは姿がない。事後承諾、やったあとわかる。

見ただけでわからんのは、観てないからや。眺めとるだけや。眺めとりゃ何十年眺めたってわからん。

見るということは、目と頭、身体、一体になって解釈せんことには、見たという証拠にならん。見るというのは、目はテレビの映像、映す。それを解釈する脳、前脳波、そこで見たやつを解釈する。一瞬の間に答えが出る。そういうのが一つの技を編み出す見方であって、「見たってわかりません」というやつは見てない。何十年見たってわからん。

眺めるのはその場その場で消えてしまう。見たやつはその場で消えない。見たやつは消えないように自分の研究材料に持っていく。「ああ美しい景色やな」という時、その自然の美しさを自分の目で確かめて捉えないかん。その捉えた美しさは頭に入ったら絶対忘れない。見ただけで、「ああ、美しいな、きれいやな」って言ったら明日忘れる。それは眺めとるだけ。だから見るというのが絶対必要。

僕はよく「見て覚えなさい」と言う。いつまでも師匠先輩をあてにしとったんでは、自分の技を作れない。先輩たちがやるのを見て覚えなさい。覚えるということは全能力を活動さす。全能力を活動させんことには、覚えられへん。だから目、頭、すべての神経を網羅して見る。だから覚える。

型は美しく技は心で――これが武芸の始まり

宇城　「技を盗む」というのは、そういうことになるんですかね。

座波　しかし、それは言葉で言いやすいけど、実行で難しい。実行に移すという野心がないと覚えられへん。ただ「覚えました」じゃ、明日忘れる。実行に移すような精神力を作らんことには、ほんとの覚えじゃない。さっき言った眺めとるのと同じ（笑）。

きれい、美しいという言葉もいろいろあるけど、美しいというのは自然の美。手入れしてない自然。きれいというのは人工的な美しさや。お化粧したらきれい、化粧もなにもせんでも美しい人はおる。それを美しい。美しいというのは作りごとがない。それが本当の人間のまごころ。岸壁に一本の松が生えとる、自然の美しさがある。庭の松はきれい。人間もその通り。

だから空手は美しくやらにゃいかん。自然に成長するような技を持たなくちゃいかん。先輩や師匠から基本的なことは教えてもらうけど、その教えてもろうたやつを自然に成長さす、それがその人の技の美しさ。その美しさを失うたらいかん。空手がなんぼうまくても、「あれの型は美しいで」と言われるような型をやらにゃいかん。

武術をやる人に必要なことは、まず武芸、芸がないといかん。芸というのは役者の芸と違う。空手は空手の芸。人を喜ばす、人に見せても隙がない。そういう芸がなくちゃいかん。「武芸」と昔から芸がついとる。これが技の基本になる。そやから僕が言うた、「型は美しく、技は心で」、それが武芸の始まり。

それから成長して武術になる。術が入る。その次が武道。武道でなくちゃいかん。そこまで修業してきたら、礼節も礼儀もなくちゃいかん。それが武道。芸、術、道、この三つが揃わんことには、ほんとの修業じゃない。

空手は人と人との心を結びつけなくちゃいかん。相手が来る、どう防御したらいいか、その術もなくちゃいかん。人を尊敬する、愛する、話し合いする、そういう道がないといかん。「なに言うか」ぱかん、これじゃ武道じゃない。これは乱暴（笑）。

琉球時代の言葉で「意地が出たら手を引け、手が出たら意地を引け」というのがある。今（手を）出すか、という時に意地を引かないかん。意地が「がーっ」と出た時には手を引かんといかん。意地を押さえるのが心。心で押さえんことには技となって喧嘩になる。

技は心が命令するもんであって、自然に出てくるものと違う。「なにっ」と言うたらもう心が「なにっ」になっとる。反抗心が出とる。拳骨握ってしもうとる。そこらへんが解釈の難しいところ。だからどこまでが善か、どこまでが悪か、その善悪を決めるのはその人その人、本人でないとわからん。こうしたら悪いねぇ、こうしたらいいねぇ、と人に相談するのは、善でも悪でもない。

そういう判断は自分自分でやらなくちゃいかん。人を頼ったらいかん。

人間の生きる芸とは人を喜ばすこと

座波　武術の技もその通り。自分の技は自分で編み出さんことには自分の技にはならん。先輩や師匠からもろうた技は一つの基本である。だからその基本を一つの枕にして自分の技を作り出す。それが武術。それを世間に披露して、世間から「うまい！」と褒められたら、武芸になってくる。芸術。

人間はすべて芸が基本になる。原稿を書くのだって読者が読む、なるほどと感ずる。それが文芸。原稿に読む人の気持ちを引っ張り込む。そういう文章を作らないかん。自分の文の中に読む人の気持ちを吸い込む。

空手もその通り。自分が型やっとって、その型の中に見る人を引っ張り込まなくちゃいかん。それが武芸。その芸が発達して、あるいはその芸が理解されて、技になる。技と芸が一緒になって道になる。武道はいちばんしまいの締めくくり。武を稽古する人は、やっぱり礼儀正しく、愛情、そういうのを伴わんと武道にならん。

一般の人が言う芸は、みな役者を対象にして考える。僕はそうじゃない。日常生活をやっとる人間を対象にして芸というのを考える。その人の行動の柔らかさ、つまり人間対人間の行動の柔らかさ。そういうのが芸、人間の生きる芸。

人間にそういうのがなかったら、毎日喧嘩ばかりやっとる。辛抱するなんて言葉があるでしょ、あれも一つの芸。芸がないと辛抱できん。心を戒める。かっとなった心を自分が戒める。それが芸。それを言葉でわかりやすく言えば、武士は何か一つ芸を持たなくちゃいかん。芸のない武士は技がない。芸という言葉は人を喜ばす、人を喜ばすのが芸なんや。武道をやる人は人を喜ばす気持ちがないといかん。そういうのは日常の心掛けで簡単にできますよ。ただし日常の心掛け、その心掛けを先に作らんことには実行できない。まず心掛けを作る。そこが難しい。

勢いをもって稽古せよ

座波　最近思うのに、合気道とか柔道とか空手道とかいうのは、一般の人は昔の言葉で言えば、武士、そういう感じで見とる。そやからある場合によっては敬遠される。空手なんかとくに。あの人空手やってると言うたら、みんな逃げてしまう。人にこわがられるような空手やっとる人、中途半端に真似した連中は、そういうふうに人にこわがられるような空手をやりよる。敬遠されるということは、その人たちの日常の生活がそういうふうな事態に見られとる、やっとる人が悪い。

昔は空手いうたら誰でも喧嘩武器と思ってるわけだね。本場の沖縄でさえ空手を敬遠したんだからね。喧嘩時代の空手やから一般にはそういうふうに見る。

有名な先生になったら喧嘩の話はない。下っ端のあたり、今の二段三段、こういう連中は喧嘩が好きや。

あの時分は段はない。段というのができたのが昭和の初め、戦争のちょっと前くらいだからね。審査も今みたいな審査じゃない。師匠が普段の稽古をじっと見とる、それでこれはだいぶうまくなったな、お前黒帯でやんなさい。あの時代は黒帯締めとっても何段かわからん。そういう時代の空手は世間では誤解が多かった。僕らが覚えとる人でも、人間は真面目やけど空手評価では最低の人もおった。

なんぼまじめでも勢いというのがなかったら「まじめ」というのは証明できない。日常の生活に勢いつけなくちゃいかん。稽古でも勢いをもって稽古せいと。上手下手は言わん。勢いがないと、その人の本当に考えとる技が出てこない。勢いがあるから技も上達する、技も出る。結局即効性でね、物の考え方がどろんとした連中は勢いがない。何十年空手稽古しとってもいつも下っ端や。型はひとつの喧嘩の前触れだから勢いよく稽古せよと。

「喧嘩」という言葉を出したら、みんな勢いが出る。ピーンとくる。しかし、試合という言葉出したら、誰も勢いが出ない。だからそういうこと考えて、僕独特の言葉やけど、喧嘩と言う。つまり鞭でけつを叩くんじゃなくて、言葉で顔を叩く。人間、顔というものが一番敏感や。だから人を評価するのに、「なんじゃその顔は」と。そう言うとピーンとくるんや。だから空手を評価する場合でも、勢いよく稽古する。空手に勢いがなかったら負けやと。

そういうのは空手をやってる人は誰でも知っとるはずやけど、それを自分の弟子に直接言う師匠はあまりおらん。弟子をこわがっとんのか、自分の弟子でありながら商品化しとんのか、一人でも逃げたらそんだけ収入が減る（笑）。そういう思想は僕らとは違う。僕は、嫌いならいつでも辞めなさい（笑）。稽古しに来てるのやから、稽古嫌いやったら帰りなさい、はっきり言う。

負ければ負けるほど上手になる

宇城　昔から先生は、来る者は拒まず、去る者は追わず、で。

座波　弟子は友達である。僕らと稽古する連中は友達や。友達であるけど、商品化しない。昔は小さい四畳半や庭の広いとこで稽古したもんやから、弟子とか師匠とかそういう区別がない。

区別はあるけど、意識がない。

昔の空手は自分を護るための本当の武道空手。現在の空手はそういう武道的な意識をもって稽古する人、おらん。スポーツ化したり、中途半端な考えで、みな稽古しとる。そやから昔一年で技が達成したのが、今は二年も三年もかかる。そんだけ空手に対する考え方が違う。

昔の空手は師範同士が友達やから、「今度はあっちへ行って稽古しておいで」と言うて自分の弟子を派遣する。それで向こうへ行って一ヵ月、二ヵ月稽古させる。そういうような弟子の交流をさせた。これは昔の稽古の方法と今の方法との違い。だから技の違い、形の違いというのは、その人その人のその時点によって違ってくるけど、稽古の違いはそこにある。

昔の空手は喧嘩をひとつの目標にして稽古した。喧嘩に勝った負けたじゃなくして、自分の技をいかに作り出したか、その喧嘩のなかで自分の技が出たかどうか、そういうのを反省する。

それが昔の喧嘩の後始末。昔の空手の人たちは、そういう自己反省があった。今はスポーツ試合というふうに見とるものだから、そういう反省がない。昔の人は負ければ負けるほど上手になる。なぜ負けたか、それを考えるから。なぜ勝ったかを考える人はあんまりおらん。

引かずに出る

座波　今の空手は「引く」というのがあるけど、昔のわしらの空手は引かん、出る。出ていく。それが試合の基本。わしらの空手の引くというのは、自分の力を引くんじゃなくて身体を引く。そういうのはあるけど、それも一つの技であって、その時点によって決まるものであるけど、考えて引くんじゃない。自然に引く。それは技に解釈したら、身体をかわす、身体をそらすという技になる。技の調整。その調整はその時点で自分自分で自然に出てくる。

なんにも持ってないんだから、出ていかんことには、やられる。「打ち下ろす刃の下は地獄なり、踏み込んでこそ生きる瀬もある」。だから相手が力強いなと思ったら絶対引いたらいかん、出ていけと言う。体当たりするつもりで出ていけと。そこらがわしらの古い空手やね。今はもうリング内で稽古するのを一般も見とるから、自然にああいう習慣になってしまう。リングの中でぐるぐる逃げ回る。

かけ試し——勝った負けたは本人同士が決める

座波　昔はね、かけ試ししようか、と言うたら立会人は出すけど、審判じゃない、発言権ない。ただ誰が勝った、誰が負けた、ただそれを見分けるだけ。そのかわり闇討ちというのはない。昔の空手はいっぺんあいつと試合せねばならんなと思うでしょ。いつもあいつはこの道通っとるから、なら待っとこうと。そして自分の気に入った友達、一人か二人つれてきて、それに見てもらう。堂々と出ていって待っとる。来たらちょっと待て、いっぺんやろう。そこで堂々とやるのが空手の特徴。紳士的な喧嘩や（笑）。

勝った負けたは本人同士が決める。だからやられて負けるやつもおるし、やられんでも負けるやつもおる。互角の勝負になったら、どっちも入っていけない、どっちも攻撃ができない。「やめようや」と、引き分けや。一発でもぱんとくらわせられたら負けや。

だけど昔の空手の試合というたら、相打ちやったら怪我したほうが負けや。叩き合いを実際にやるんやから、怪我人が出る。あるいは命取りになる。そういうのはよく聞いたもんや。ところがそういう人たちは人が見るところでは喧嘩しない。どこで喧嘩したかわからない。実際の喧嘩というの、見たことない。半端な連中の喧嘩はよく見た（笑）。

——先生は道端で待たれたという経験はありますか。

座波　自慢話はできないけど、勝ったという意識もないけど、負けたという意識もない。喧嘩したって自然に別れた喧嘩、そういうのを経験しとる。

相手から喧嘩売られる、ぜんぜん知らん人や。

「なんですか」

「お前いっぺんやろうか」

「はあ、何をやるんですか？　喧嘩？　ああそうですか、僕は喧嘩を知らない、喧嘩やったら、やめておきますわ」

「お前やめても、わしやめへんで」

「そうですか」

（と言って）パカンとやる（笑）。そこが僕の喧嘩。

だから一発で勝負決める。いやーっと構えて喧嘩したことない。それは素人の喧嘩。あーそうですか、パカーンと。それが武士の作戦。相手に隙を作らす。頭下げてハイハイやっとったら心に隙が出る。で、空手に隙が出る。それをぱっとやる。そこが違う。下からパッサイの上げ突き、顎を狙っていく。わしは小さいからよく効くんだ（笑）。で、相手はひっくりかえる。

ある時は顎をはずしたことがある。「うーん」と言うからなんやろ、思うたら、顎がはずれとる。だからあの時分、ほとんどの人がタオルを腰につけていた。そのタオルを巻いてがーっと顎を入れてやる。そのまま手でやったらがっと噛まれるからね、タオルで巻いてがっとやる。

空手三原則——忍術、医術、算術

座波　今の人に言わせたら、だまし討ちみたいなもんやな（笑）。わしは身体もこまいし、力もないでしょ、わしより小さい人っておらんのやから、先にやらんとね。ぱかんとね。顎がはずれた人は入れてやらにゃいかんのや。それが空手の医学。空手をやる人は、そういうのも心得とかないかん。やりっぱなしにして、相手がもし死んでしまったら困るからね。後頭部に当てたら即死や。だからそういうのはわし、教えない。言葉で説明する。空手をする人はそういう急所をよく知っとかないかん。

宇城　ふつうの空手で言っているような急所とはぜんぜん違うんですよね。

座波　稽古したあとは深呼吸するというのは、あれも空手の医術。固く絞めてやるでしょ、肺を圧迫する。その肺の呼吸構造をもとに戻してやらにゃいかん。空手を教える人は、そういうところを心得ておかんといかん。胸を張って深呼吸する。昔の人はそういうことあまりやらんから、肺病で死んだ連中がよくおる、肺の活動を潰してしまって。

僕の空手三原則は忍術、医術、算術。この三つは絶対必要。急所をあてるのが算術。肩を基準に、そこからなんぼ下がったらどういう急所があるかを知っとく。ばんとやられても急所をはずれてるから大丈夫、そのはずれた間の寸法を計算する。あるいは相手の拳の速さ、スピード、それを受けた瞬間に相手の力がわかる、その計算。そういうのが空手の算術。ぱっと攻撃してくるのを受けた瞬間に自分の腕に相手の力がわかる。相手の力が計算できる。

忍術は、忍者の忍《しのび》というよりは、がまんするほうの忍。辛抱する忍。耐えることの忍が必要。忍術の忍はしのぶ、空手の忍は耐える。

医術いうたら、相手をばんとやった時に相手が怪我でもしたら、その怪我の手当てとか応急処置ができるように、身体の構造を覚えとく。それが急所当ての基本になる。

算術はその時点の問題で、別に難しく稽古する必要もないし考えることもない。その時点でぱっぱっと頭に浮いてくるのが算術。

ただはっきりと覚えとかないかんことは、耐える忍。耐える力。それと医術。空手をする人はほとんど急所のツボを心得ている。また神経痛を治すのがうまい。内臓とかは専門の医者にまかせんといかんけど、関節が抜けたとか、応急処置ができるように覚えとかないかん。

空手の一番難しいのは、相手の顔を見て、その人の気持ち、心の持ち方、それを悟ること。金儲けのプロの連中は人相学と言ってやっとるけど、実際には当たらん。偶然に当たる場合もある。

しかし空手の場合は当てなくちゃいかんからね。顔を見てその人の性格を当てるんじゃなくて、その人の日常の生活を見てその人の性格を悟る。それが空手の悟り。その人の生活を対象にしてその人を判断する。それが一番簡単。それが人間関係にもっとも重要なもんで、それを感じるようになったらプロになりますわ（笑）。

結局空手をする人には集中力がある。ここ（額）で見といて神経集中するから、その人の顔を見とったら後ろの心が見えるというようなもので、力で集中するんじゃない。

稽古は道場だけではない

座波　最近はよく空手の話をするけど、技を基本にして空手の話をするのが当たり前。ところが試合を基準にして技の話をする人がおる。それは間違うとる。もし空手が趣味の人と空手の話をする時は、空手の話をしながら技の話をやる。技の話をして空手の話をしたらいけない。喧嘩の始まり。

技というのは、その人その人によって違うから、甲の人はこうしてやるんだ、乙の人はこうしてやるんだ……食い違いが出て、そんなら立ってみい、やってみよう、一杯飲んどったら喧嘩になってしまう。

そういうことのないように、まず空手の話をしてから技の話をする。空手の経験あって趣味を持つ人やったら、話だけで空手の稽古になるんだから。べつに立ってやらんでも話だけで空手の稽古になっとる。それが空手の特徴。たとえば宇城君と僕が空手の話をする。話しとるだけで技が生まれてきとる。それが空手のいいとこや。

宇城　それが先生と一緒の飛行機の中だったり、風呂の中だったり、いろんなところでですね。だから先生は道場の稽古はあまり稽古にならんと言われる時もあるぐらいですからね。

空手のスポーツ化

座波　今の人の空手を見て思うことだけど、一にも蹴り、二にも蹴りではいかんね（笑）。今の人たちはこの蹴りを空手の十八番みたいに考えとるけど、空手の蹴りというのは最後の最後。本当に蹴るんじゃなくて相手の体勢を崩すためにばんとやる。相手の体勢が崩れた時に、攻撃していく。じっと構えとるあいだは隙がない、どっちも。その隙を崩すには足でないといかん。足でその隙を崩す。崩れた瞬間に入っていく。そういうのに足は使う。

攻撃するために足を使ったら、すくわれてしまう。足みたいに長いやつはすくいやすい。ぱっとやったらひっかかる。足は相手の体勢を崩す。そういう技に使う。

身体がこまいから中へ入るのも速い。ところがそういうふうに相手の体勢を崩さんことには、入られへん、なんぼ小さくても。足というのは、ぽん。かけやすい、長いから。

宇城　蹴りは簡単。だからこわいわけですよね、蹴るほうが。そこをわかってないからばんばん蹴るわけでしょ。

座波　まず空手がスポーツ空手に変わった時代は、昭和の初期ぐらいかな。その当時からもう変わった。大正一五年くらいか……その時分が琉球の空手が日本の空手になってしもうた。全日本空手道連盟というのができて、大きな変化が生まれた。

全空連を組織した人たちは、スポーツということを狙うて作った。その当時はスポーツというのは組手が主だった。組手をスポーツ化するのにルールがないといかんから、ルールを作った。そのルールに従って組手をやらした。で、技がだんだんなくなってきた。ルール外の技をしたら反則になる。ルール内の技だけしたら技が少なくなる。それが空手の変動時期や。

古典空手を絶やすことなく

座波　だからそれ以前の空手とそれ以後の空手はだいぶ違う。以前の空手はまだ古典派が残っとったんで、技がたくさんあった。しかしその後の空手はルールにしばられてしもうて、技が減ってなくなってしもうた。ヌキ（貫手）なんてもんもなくなる。やったら反則になる。空手の技からそれが一つ減る。裏蹴りだって、ああいうのがなくなる。空手に絶対必要な効き技というのがだんだんだんだん制限されてくる。だから一般的な蹴ったり突いたりの技だけ残っとる。スポーツにあてはまるわけや。

スポーツ化して世界に普及されたのは非常にいいことだけど、空手としての技がなくなっていくことは淋しい。試合しても蹴ったり突いたりだけしかない。ぱんと組んだら引き分ける。だから組手も必要なくなってくる。そういうルールにしばられて技がだんだんなくなっていくのが、僕らにとっては淋しい。

そういう意識のない現代の若い人たちは、空手というのはそんなもんやというふうに思い込んでしもうとるから、ルール通りの稽古しかやっとらん。それで満足する。それで満足のいかない連中は地方の道場へ行ってまたやっとる。地方の道場へ行ったらまだ古典の残っとるところがある。

宇城　沖縄でさえ空手が現代空手になりつつあるのは残念なことだと思います。

座波　大阪近郊で古典がまだ完全に残っとるのは、宇城君のとこだけや。組手技から分解までじっと見とったらまだ古典の流れが残っとる。しかしよその道場へ行って見とってもぜんぜん古典の姿がない。あんたらが教えとる技、大事に保管しときなさい。僕も生きとるあいだはもちろん守るつもりやけど、あんたらのほうが長いから（笑）。あんたらが守るように心掛けとかんと。具体的に言えば、琉球古典空手というのがすでに八〇パーセントなくなっとる。二〇パーセントを守っていくのが、あんたらや（笑）。

弟子に教えて弟子から習う

座波　僕の空手がよくみなさんに理解されているということは、宇城君のような付け人がしっかりしてくれとるからできる。その人たちがおらんかったら、わしがなんぼしゃべったって誰も聞いてくれへん。わしが言うたことを、わしが実行するんじゃなくてこの人たちが実行してくれるから助かる。弟子に教えて弟子から習う。それが僕の空手の絶対条件。自分が教えて自分が習う。それがよその先生たちと違ったところ。こういう人たちが僕の空手を信用してくれるから、僕の空手がみなさんに信用される。だから僕はこの人たちにいつも感謝しとる。ありがたい、そういうふうな気持ちの渡り合いができたら、おもしろいですよ、おつきあいしとってもね。それが人間の幸福というやつ。幸福は人が作ってくれるやつとは違う。自分が作らないかん。

宇城　先生のそのようなお考え、お人柄に接し、また空手の術技に対する厳しさと心を教えていただいたお陰で、今の自分があると思っています。

稽古風景　1983 年

心道流心道会は創設から五二年目（取材当時二〇〇二年）を迎えていますが、ますます組織は充実し、一つにまとまってきています。

これも現心道会会長　松山公大先輩、心道会監査役　佐伯幸一先輩、相談役　有川興平先輩はじめ師範会および各地区の支部長、多くの会員の活躍と、座波先生が諭された心道流道場訓「他尊自信」の心と実践を各人が行なってきていることにあると考えます。

これからも沖縄古伝空手の追究そして継承に努力していきたいと思っています。

——本日はありがとうございました。

あとがき

座波仁吉先生の空手の究極は、道場訓としてある「他尊自信」に尽きると言えます。そこに座波空手が何を教え、何を学ばなければならないかが凝縮されているからです。

「他尊」と「自信」がそれぞれでは境界があり別々です。この二つが融合してはじめて「他尊自信」という一つの言葉になります。ここに大きな意味と価値があります。それは我々が見失いかけている「生きるとは」とは何かということ、そしてその問いに対しての具体的な道筋と実践を教えてくれる空手の本質とは何かという問いかけと答えがあるからです。

空手の方向性とあり方がスポーツ空手か武術空手かで、その道筋は大きく異なってきます。競技空手で優勝しチャンピオンになることは、それはそれで大きな自信になりますが、相対の中で得た自信は他との優位性に立ったものとなりやすく、その傾向は勝てば勝つほど強くなります。一方、武術空手では、技の深さを追求する中で、自分との闘いであることに気づき、ひいては心の働きの重要性に気づいていきます。それは決して精神的なものではなく「事」の技であり、「理」としての心の働きとして「事理一致」の稽古のあり方に変化していきます。

その「事理一致」の実践を通して、自分を信じるという「自信」、つまりは人間を信じるにつながり、まさにそれが「他尊」であり、ここに「他尊自信」という融合が理屈抜きに身につくのです。言葉を変えれば、「自他共存」です。ここに向かわせる空手こそが座波空手の真髄では

居合道大阪大会　団体戦連続３回優勝
（前列左から）宇城氏、川崎武雄先生　（大阪城 1981年 12月）

ないかと思っています。まさにそれは先生の技であり、生き方そのものだと思います。そこに導いてくれた座波空手のさらなる本質は、技においても生き方においても「ぶれない」ことにあります。つまり「妥協がない」ということです。

私がちょうど五段の頃に座波先生から「光物《ひかりもの》を見て研究せよ」と言われ、自宅近くにあった無双直伝英信流・北摂会の川崎武雄先生の居合道場に幸いにも入門することができました。先生の薦めで入会してすぐに真剣を使うようになり、二ヵ月目には大阪大会で優勝しました。それ以降も全国の各種大会で五十回以上優勝してきましたが、私が常に優勝以上に目標としていたことは、日本刀を差している意味を問うこと、すなわち「侍とは何か」でした。まさにその答えを川崎先生の居合は出してくれたのです。

二人の先生に共通していたことは、座波先生は全日本空手道連盟、川崎先生は全日本剣道連盟と

座談風景　1993年　（左）スタンレー・プラニン氏

いう巨大組織にそれぞれ重鎮として属しながらも、決してぶれることなく、すなわち妥協することなく、武術の本質を貫かれたということです。その姿勢は、稽古の上でも表われていました。

川崎先生は、とくに高段者には言葉としても厳しく、座波先生は、学ぶ側の力量を見抜き、力量ある者には妥協なき技、厳しい言葉で接し、そうでない人には穏やかに指導されていました。

いくら素晴らしい良き師についていても、学ぶ側の姿勢・心において、ぶれず、妥協しない気迫、覚悟がなければ、その本質に迫ることはできないということだと思います。

二十年前の先生との対談は、対談というより、先生の教えを聞くというものでした。座波先生は、取材当時、自らも合気道高段者であり、武道研究家であった聞き手のスタンレー・プラニン氏（『合気ニュース』編集長）の客観的で鋭い問いかけに、噛み砕くように答えられていたのですが、先生を見るスタンレー氏のまなざしが信頼と尊敬に変わっていった姿に、流儀・流派、国境を越えて、まさに他尊自信を見た感じがしました。

現在に至るまで、アジアでは中国の上海、厦門《アモイ》、北京、青島、香港、台湾、マレーシア、ネパール、カンボジア、シンガポール、アメリカでは、ニューヨーク、シアトル、ロサンゼルス、サンフランシスコ、そしてヨーロッパでは、ドイツ、ハンガリー、イタリア、ポーランド、スイス、フランス、イギリスなどの多くの国の人が、流儀・流派、国境を越えて宇城空手を学びに来ていますが、その原点は、座波空手の「他尊自信」にあると感謝しています。

当会「創心館」の総本部道場には、「他尊自信」に至る心を創る場というところから、正面に「心」の書を掲げ、また高槻道場には「真心」、すなわち誠を表わす「一《いち》」を以って之を貫くという「我道一以貫之」という書を掲げています。まさに精進の場として、また一人ひとりが世界に羽ばたかんことを願って「創心館」と命名しました。

「我が人生に
　燃ゆること
　　火の如く」

二〇二〇年六月

創心館館長　宇城憲治

創心館　総本部道場（淡路）

創心館　本部道場（高槻）

座波仁吉　ざはにきち

心道流空手道宗家
1914（大正３）年、沖縄県那覇市に生まれる。沖縄古伝空手小林流の流れをくむ空手を、父、および流祖知花朝信の高弟であった兄の座波次郎に学ぶ。1951年宮崎大学空手部師範となる。1973年より心道流空手道心道会と名を改め、武道としての空手の存続に尽力した。2009年6月逝去。

宇城憲治　うしろけんじ

1949年 宮崎県小林市生まれ。1967年宮崎大学入学と同時に空手部に入部。最年少で第二回全日本空手道選手権に出場するも競技空手に疑問を感じ、大学卒業後心道会座波仁吉宗家に身近に接し直接指導を受ける。1982年全剣連居合道に入門し50回以上の優勝をかざる。
エレクトロニクス分野の技術者として、ビデオ機器はじめ衛星携帯電話などの電源や数々の新技術開発に携わり、数多くの特許を取得。また、経営者としても国内外のビジネス界第一線で活躍。一方で、厳しい武道修業に専念し、まさに文武両道の日々を送る。
1986年 由村電器㈱ 技術研究所所長、1991年 同常務取締役、1996年 東軽電工㈱ 代表取締役、1997年 加賀コンポーネント㈱ 代表取締役。2008年 ㈱ＵＫ実践塾 代表取締役。
現在は徹底した文武両道の生き様と武術の究極「気」によって人々の潜在能力を開発する指導に専念。宇城空手塾、宇城道塾、親子塾、高校野球塾、各企業・学校講演、プロ・アマ スポーツ塾などで、「学ぶ・教える」から「気づく・気づかせる」の指導を展開中。著書・DVD多数。

㈱ＵＫ実践塾 代表取締役
宇城塾総本部道場 創心館館長

創心館空手道 範士九段
全剣連居合道 教士七段（無双直伝英信流）

ＵＫ実践塾ホームページ　http://www.uk-jj.com

空手談義 型は美しく技は心で
── 座波仁吉・宇城憲治 ──　座談録

2020年6月24日　初版第1刷発行

定　価　本体価格 2,200円
発行者　渕上郁子
発行所　株式会社 どう出版
〒252-0313　神奈川県相模原市南区松が枝町 14-17-103
電話　042-748-2423（営業）　042-748-1240（編集）
http://www.dou-shuppan.com
印刷所　株式会社シナノパブリッシングプレス

　ISBN978-4-910001-08-1

宇城憲治の書籍・DVD

武術の実践哲学 宇城空手

武術空手としての本質を、実践をベースに解説。本来の武術とは何か、型の意味、師とは、修業とは…等々、武道修業だけでなく、人間どう生きるべきかにつながる人生における普遍的な「実践哲学」が説かれている。

・A5上製　284頁　・定価　2800円＋税

DVD 宇城空手【全3巻】

宇城憲治が体現する武術の絶対条件の映像化。「入る、ゼロ化、調和、間を制す、二の手を封じる」など、相手を完璧に制する妙技をふんだんに収録。

・収録時間【1巻】65分【2巻】70分【下巻】90分
・定価　各巻　6000円＋税

DVD サンチン 武術空手の型【上巻・中巻・下巻】

詳細なサンチン型演武及び、分解組手、応用組手の解説。武術の絶対条件「ゼロ化」「間を制する」などを迫力ある組手で実践。その先にある武術の究極「気」の世界も収録。

・収録時間【上巻】85分【中巻】78分【下巻】59分
・定価　各巻　6000円＋税

発行　どう出版

文武に学び 未来を拓く
季刊 道［どう］

『道《どう》』は、日本人の真の強さと
その心の復活を願って
あらゆる分野で活躍する方々の
生き方に学ぶ季刊誌です。

社会を良き方向にするために現在実践を通して活躍されている方々と宇城氏との対談や、宇城氏による連載が掲載されています。

・1、4、7、10月発行・定価　1143円＋税

【定期購読料】
1年（4冊）につき　5000円（税・送料込）

【お申し込み】電話　042・748・2423